함께 떠나는

워킹토킹

여행 중국어

장수철 저

Samyoung Publishing House

함께 떠나는 **워킹토킹**
여행 중국어

2012년 6월 20일 개정판 1쇄 발행
2016년 1월 20일 개정판 4쇄 발행

저 자 장수철
펴낸이 정정례
펴낸곳 삼영서관
디자인 디자인클립

주소 서울 동대문구 답십리동 469-9 1F
전화 02) 2242-3668 팩스 02) 2242-3669
홈페이지 www.sysk.kr
이메일 syskbooks@naver.com
등록일 1978년 9월 18일
등록번호 제1-261호

ISBN 978-89-7318-358-6 13720

책값 9,500원(MP3 CD 포함)

해외여행의 진정한 동반자!!

요즘은 해외여행이 많이 보편화되어 신혼여행, 배낭여행, 어학연수, 가족여행 등등… 목적은 서로 다르지만 해외여행의 기회가 훨씬 많아졌다. 여행사를 통한 패키지 여행도 많지만, 배낭여행이 주류를 이루고 있는 요즈음 가이드에게 모든 걸 맡기지 않고 스스로 직접 말해야 할 필요성이 더욱 커졌다.

이제 관광은 보는 것만으로 만족할 수 없다. 직접 만져보고, 모르는 것은 스스로 물어서 알아내자. 사진 많이 찍어 오는 것? 관광기념품 많이 사오는 것? 그곳 사람들과 한 마디라도 나누면서 직접 문화적 체험을 해보는 것이 더욱 뜻깊은 여행이 아닐까 싶다.

이 책은 여행자들의 그런 이국적 체험이 가능하도록 비행기를 타는 순간부터 집으로 돌아오기까지의 모든 상황에서 쓸 수 있는 어휘와 회화 문장을 찾기 쉽게 실어 놓았다. 이 여행 중국어 한 권이 현지에서의 당혹감으로부터 여러분을 해방시켜 줄 것이다.

보라. 쓰라. 한 손에 들고 있다고 여행 중국어가 모두 내 것은 아니다. 직접 펼쳐서 이모저모로 쉽게 써먹을 수 있는 진정한 여행의 길잡이가 될 이 책을 손에 쥐고 함께 떠나자!

Contents

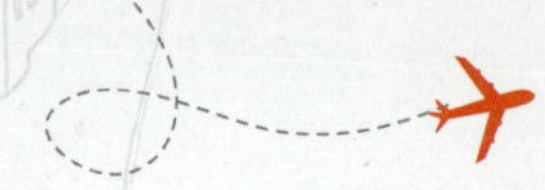

머리말
목차

Contents

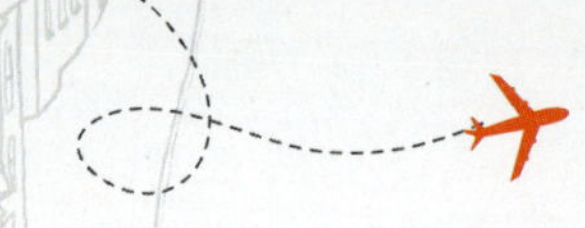

Contents

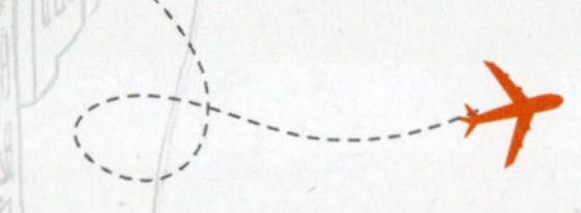

핵심 단어 모음

여행정보
미리보기

1_여권 만들기

여권이란 간단히 말해 한국인의 신분증이다. 다시 말하면 해외여행을 위해 외국으로 떠나는 사람에게 정부가 여행을 허가해 준 허가증이며, 여행 중 한국인임을 증명할 수 있는 신분증명서이다.

여권은 출국 수속과 비행기를 탈 때, 현지 입국과 귀국 수속 때, 여행자 수표를 현지 화폐로 환전할 때, 면세품을 구입할 때, 렌터카를 임대하거나 호텔에 투숙할 때, 해외여행 중 한국으로부터 송금된 돈을 찾을 때 등에 반드시 제시하여야 하며 신분증 역할을 하므로 해외여행 내내 소지하고 다녀야 한다.

해외여행 중 여권을 분실하였을 경우에는 가까운 대사관 또는 총영사관에 여권 분실신고를 하고 여행증명서나 단수여권을 발급받아야 한다.

현재는 여권 위·변조 및 여권 도용 억제를 통해 여권의 보안성을 극대화하고, 궁극적으로 해외를 여행하는 우리 국민들의 편의를 증진시키기 위해 전자여권이 도입되었다. 전자여권(ePassport, electronic passport)이란, 비첩촉식 IC 칩을 내장하여 바이오인식정보(Biometric data)와 신원정보를 저장한 여권을 말한다.

📕 여권 발급 시 필요한 서류

1. 여권발급신청서
2. 여권용 사진 1매(※긴급 사진부착식 여권 신청시에는 2매 제출)
3. 신분증
4. 재외공관에서의 신청 경우 : 주재국의 체류허가서(입국비자 등)
5. 18세 이상 35세 이하 남자의 경우(군미필자 및 군복무를 마치지 아니한 자)
   - 국외여행허가서(25세 이상 35세 이하)
   - 기타 병역 관계 서류
6. 미성년자(18세 미만)의 경우
   - 여권 발급동의서(동의자가 직접 신청하는 경우 생략)
   - ※ 동의자(부모, 친권자, 후견인 등 법정대리인) 작성

2_비자 만들기

여비자는 방문하고자 하는 상대국의 정부에서 입국을 허가해주는 일종의 허가증이다. 이것이 없을 경우 입국을 거부당한다. 여행계획을 세우고 방문국가가 결정되면 방문하고자 하는 나라에서의 비자 필요여부를 꼭 확인해야 한다.

비자가 필요한 국가들 중에는 방문 목적에 따라, 체류기간이 다를 수도 있고, 요구하는 구비서류가 다른 경우가 있다.

최근 우리나라는 많은 나라들과 비자 면제 협정을 맺고 있으며, 이들 국가들은 단기간의 여행시에는 비자가 필요치 않으나, 허용하는 기간을 초과하여 체류할 때에는 반드시 체류목적에 맞는 비자를 받아야 한다.

비자에는 입국의 종류와 목적, 체류기간 등이 명시되어 있으며, 여권의 사증에 스탬프나 스티커를 붙여 발급하게 된다. 사증발급은 재외 한국대사관이나 총영사관에 신청하여야 한다.

비자 면제협정 체결국가 현황 (2009년 9월 1일 현재)

적용대상	국가명		
외교관(3개국)	우크라이나(90일), 우즈베키스탄(60일), 투르크메니스탄(30일)		
외교관 / 관용 (24개국)	필리핀(무제한), 파라과이(90일), 이란(3개월), 몽골(30일), 베넹(90일), 베트남(90일), 에콰도르(외교:업무수행기간, 관용:3개월), 사이프러스(90일), 벨리즈(90일), 이집트(90일), 파키스탄(3개월), 일본(3개월), 크로아티아(90일), 우루과이(90일), 인도(90일), 아르헨티나(90일), 러시아(90일), 알제리(90일), 벨라루스(90일), 아제르바이잔(30일), 캄보디아(60일), 카자흐스탄(90일), 방글라데시(90일), 라오스(90일)		
외교관 / 관용 / 일반	30일(1개국)	튀니지	
	60일(2개국)	포르투갈, 레소토	
	90일 (60개국)	아주지역 (4개국)	태국, 싱가포르, 뉴질랜드, 말레이시아
		미주지역 (24개국)	바베이도스, 바하마, 코스타리카, 콜롬비아, 파나마, 도미니카(공), 도미니카(연), 그레나다, 자메이카, 페루, 아이티, 세인트루시아, 세인트키츠네비스, 브라질, 세인트빈센트그레나딘, 트리니다드토바고, 수리남, 안티

외교관 / 관용 / 일반	90일 (60개국)	구주지역 (29개국)	구아바부다, 니카라과, 엘살바도르, 멕시코, 칠레, 과테말라, 베네수엘라(외교 · 관용:30일, 일반:90일)
			쉥겐국(25개국 중 슬로베니아 제외) 그리스, 오스트리아(외교 · 관용:180일), 스위스, 프랑스, 네덜란드, 벨기에, 룩셈부르크, 독일, 스페인, 몰타, 폴란드, 헝가리, 체코, 슬로바키아, 이탈리아, 라트비아 리투아니아, (이하 180일 중 90일) 에스토니아, 핀란드, 스웨덴, 덴마크, 노르웨이, 아이슬란드 (포르투갈은 60일에 해당)
			비쉥겐국 리히텐슈타인, 영국, 아일랜드, 불가리아, 루마니아, 터키
		중동 · 아프리카지역	(3개국) 모로코, 라이베리아, 이스라엘

▶ 캐나다 : 상호합의에 의거 6개월간 사증면제(협정 미체결, 1998.4.10)
▶ 파키스탄 : 2001.10.1부터 일반여권 소지자에 대한 사증면제 일시중지 상태
▶ 방글라데시 : 2008.7.15일자로 일반여권 소지자에 대한 사증면제협정 일시정지
▶ 이탈리아 : 협정상의 체류기간은 60일이나 상호주의로 90일간 체류기간 부여 (2003.6.15)
▶ 일본 : 일반은 구상서 교환에 의한 90일간 사증면제 (외교 · 관용은 사증면제협정 체결)
▶ 우크라이나 : 우리국민에 대한 일방적 사증면제(2006.6.24부 발효), 우크라이나 국민은 사증필요
▶ 라오스 : 2009.8.1부터 협정 시행

공항 도착에서 출국까지

1_공항 도착

적어도 출발 시간 3시간 전에는 공항에 도착하여야 한다.

공항에 도착하면 3층 출발층에 있는 운항정보 안내모니터에서 탑승할 항공사와 탑승수속카운터(A~M)를 확인한 후 해당 탑승수속 카운터로 이동하여 탑승수속을 받아야 한다.

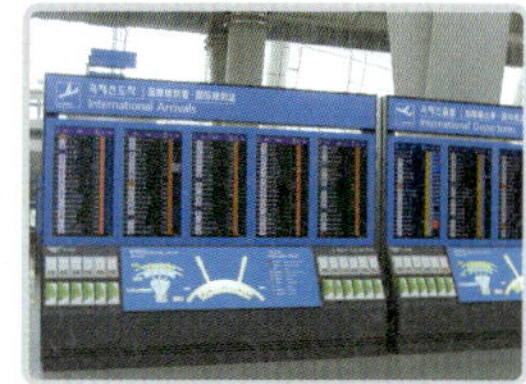

2_항공사 탑승수속

- **좌석배정**

  해당 항공사 카운터에서 좌석을 배정 받고, 위탁수하물을 보낸다.

- **위탁수하물 보내기**

  - 항공사별, 노선별, 좌석 등급별로 무료 운송 가능 기준에 차이가 있으니 항공사로 미리 확인하여야 한다.

  - 위탁수하물로 보낼 짐과 기내에 가지고 들어갈 짐을 미리 정리하여 수속하도록 한다.

  - 기내에 가지고 들어갈 수 없는 물품은 위탁수하물로 보내도록 한다. 가급적 카메라, 귀금속류 등 고가의 물품과 도자기, 유리병 등 파손되기 쉬운 물품은 직접 휴대하는 것이 좋다.

- **기내 반입 물품 기준(항공기 좌석 위 선반)**

  일반석에 적용되는 수하물의 크기와 무게는 개당 $55 \times 40 \times 20$(cm) 3면의 합 115(cm) 이하로써 10kg~12kg까지이다.

- **위탁수하물 무료 허용 기준(화물칸으로 운반)**

통상적으로 미주구간은 **23kg** 2개까지이다.

기내반입 금지물품

기내반입금지물품(Restrict Items)이라 함은 항공기 안전운항 및 여객의 생명과 재산을 보호하기 위하여 비행기에 탑승하는 모든 승객이 휴대하는 물품 중 휴대 및 탑재가 금지되는 물품을 말하며, 기내반입금지물품을 휴대 또는 탑재할 경우 해당물품은 기내반입이 금지되며, 범죄혐의가 있을 경우에는 경찰에 인계되어 처벌될 수 있다.

칼, 가위, 면도칼 등 뾰족하거나 날카로운 물품/총기류 및 장난감 총/불꽃놀이, 폭죽, 신호탄, 모형 권총, 라이터, 최루가스/향수/전해물 건전지/휴대용 버너, 부탄가스, SCUBA탱크/페인트, 광택제, 헤어스프레이(래커)/유독성 물질, 방사성 물질/확학 물품, 화학 비료, 제초제, 구충제, 살충제/페인트 박리재, 표백제, 염소, 세척제/연료, 희석제, 용제, 아세톤과 같은 가연성 액체/수은체온계, 기압계

3_출국신고서 작성

2006년 8월 1일부터는 출국신고서가 전면적으로 생략되어 한결 빠르고 편하게 출국심사를 받을 수 있다.

4_병무·검역 신고

병역 의무자가 국외를 여행하고자 할 때에는 병무청에 국외여행허가를 받고 출국 당일 법무부 출입국에서 출국심사 시 국외여행허가 증명서를 제출하여야 한다.

- **병무신고대상**

  _ 25세 이상 병역미필 병역의무자(영주권 사유 병역연기 및 면제자 포함)

  _ 연령제한 없이 현재 공익근무요원 복무중인 자, 공중보건의사, 징병전담의사, 국제협력사, 공익법무관, 공익수의사, 국제협력요원, 전문연구요원/산업기능요원으로 편입되어 의무종사 기간을 마치지 아니한 자.

5_세관신고

미화 1만불을 초과하는 일반 해외 여행경비 휴대 반출 시에는 세관 외환신고대에 신고하여야 한다.

여행 중 사용하고 다시 가져올 귀중품 또는 고가품은 출국하기 전 세관에 신고한 후 "휴대물품반출신고(확인)서"를 받아야 입국 시에 면세를 받을 수 있다.

6_출국보안심사

여권, 탑승권을 출국장 입장 시 보안요원에게 보여 준다.

▶ 휴대물품을 X-ray 검색대 벨트 위에 올려 놓는다.

▶ 겉옷과 소지품(휴대폰, 열쇠, 지갑, 동전 등)도 모두 꺼내 검색용 바구니에 넣는다.

▶ 문형탐지기 통과 후 검색요원의 검색을 받는다.

7_출국 심사

● 출국심사절차

1. 출국심사대 앞 대기선에서 기다린다.
2. 모자(선글라스)는 벗고, 대기중 휴대폰 통화는 자재한다.
3. 여권, 탑승권을 제시한다.
4. 여권에 출국확인을 받고 여권을 반환 받는다.
5. 출국심사대를 통과한다.

출국 심사 후 면세지역에서는 현금출금 및 휴대폰 로밍이 불가하니 출국심사 전에 미리 현금출금 및 휴대폰 로밍 등 여행에 필요한 준비를 마쳐야 한다.

8_탑승

이제 출국을 위한 수속은 모두 끝났다. 가장 먼저 할 일은 탑승구 위치를 확인하는 것이다. 늦어도 출발 시간 30분 전에는 게이트에 미리 도착해 있도록 한다. 항공기 출발 30분 전에 탑승을 시작하여 10분 전에 탑승이 마감되니 탑승에 늦지 않도록 주의하여야 한다.

시내 면세점에서 미리 구입한 물품은 면세품 인도장에서 수령하도록 한다. 탑승 시간까지 대합실에서 휴식을 취하거나 면세점을 이용해 보자.

9_환전

일반적인 해외여행에서 미국달러로만 준비하는 경우가 많은데, 대부분 그 나라의 화폐로 환전해 가는 것이 현지에서 다시 재환전을 하는 데 드는 비용과 번거로움을 줄일 수 있다.

유럽에서는 미국달러를 현지화로 바꾸는데 수수료를 지불해야 하는 경우도 있으므로 현지화

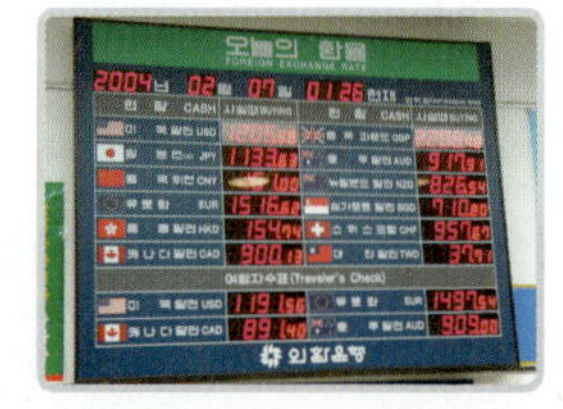

나 유로화, 여행자수표를 준비하는 것이 여러모로 편리하다. 일본이나 홍콩 등지는 그 나라의 통화로 바꾸어 사용하는 것이 유리하다.

2002년 1월 이후 유럽단일화폐인 유로화가 사용되고 있기 때문에 유럽 여행을 다니면서 화폐를 바꿔야 하는 번거로움이 줄어들었다. 단, 영국, 스위스, 스웨덴, 노르웨이 등과 같이 유로화 비 가맹국으로 여행할 때에는 현지 화폐를 준비해야 한다. 그리고 대부분 유로화 비 가맹국인 동유럽 국가에 갈 경우에는 달러를 준비해서 현지에서 환전한다.

유로화 현금 지폐는 5, 10, 20, 50, 100, 200, 500 단위로 발행된다.

● **유로화 가맹국**

  그리스, 네덜란드, 독일, 룩셈부르크, 벨기에, 스페인, 아일랜드, 오스트리아, 이탈리아, 프랑스, 핀란드

● **유로화 비 가맹국**

  노르웨이, 스위스, 스웨덴, 영국, 동유럽 국가들

여행 준비물

여행자보험

- ☐ 현금
- ☐ 여권
  (가족여권인 경우 동반자 기재사항 확인)
- ☐ 비자(목적지, 경유지 국가)
- ☐ 예방접종 카드(여권과 함께 철함)
- ☐ 항공권(예약 재확인)

- ☐ 사진(비자용 예비 포함)
- ☐ 여행자 보험
- ☐ 국제 운전면허증
- ☐ 예약 호텔 전화번호
- ☐ 항공사 현지 전화번호
- ☐ 현지 방문자 전화번호

준비물

세면도구	☐ 치약 ☐ 칫솔 ☐ 면도기(건전지용) ☐ 손톱깎기 ☐ 생리용품 ☐ 바디샴푸
화장품	☐ 기초화장품 ☐ 화운데이션 ☐ 색조화장품 ☐ 파우더 ☐ 선탠오일
안경	☐ 선글라스 ☐ 콘텍트렌즈 ☐ 식염수 ☐ 렌즈클리너 ☐ 예비용 안경(분실 파손시)
재봉용품	☐ 실 ☐ 바늘 ☐ 시침핀 ☐ 소형가위 ☐ 단추
수첩	☐ 여권번호 ☐ 항공권번호 ☐ 여행자 수표번호 ☐ 신용카드 번호 등 기재
참고도서	☐ 영한사전 및 관광 안내책자 ☐ 지도
비상약품	☐ 소화제 ☐ 위장약 ☐ 설사약 ☐ 감기약 ☐ 진통제 ☐ 멀미약 ☐ 자신의 지병약 ☐ 일회용 밴드
필기도구	☐ 볼펜 2개 정도
의류	☐ 긴팔 셔츠 ☐ 바지 ☐ 정장(고급 레스토랑에서 식사할 경우 필요) ☐ 재킷 ☐ 속옷 ☐ 양말
신발	☐ 운동화 ☐ 샌들
카메라	☐ 소형(필름은 여유있게)
기타	☐ 기념품(우리나라 토산품 · 공예소품 등을 준비)

출국 수속 절차

공항 도착

출발 2시간 전
휴대폰 로밍, 환전

항공사 탑승 수속

항공기 소속사의 데스크에서
수하물 위탁 · 좌석 배정

세관신고 및 병역신고

출국 심사장

청사 3층

출국 보안 심사

청사 3층 : 인원 휴대품 검사

출국 심사

여권 · 탑승권 준비

대합실 대기

필요시 면세점 쇼핑

탑승

여권, 탑승권 준비하여 탑승 게이트로
출발 30분 전에 도착

기본 표현

① 인사

1. 안녕하세요.
你好。
니 호우

2. 안녕히 가세요(계세요).
再见。
짜이 찌엔

3. 또 만나요.
再会。
짜이 후이

4. 내일 만나요.
明天见。
밍 티엔 찌엔

5. 안녕히 주무세요.
晚安。
완 안

6. 몸 조심 하세요.
要注意身体。
요우 쭈 이 썬 티

7. 어떻게 지내세요? ― 잘 지내고 있어요.
过得怎么样?　我很好。
꿔 더 전 머 양 - 워 헌 호우

8. 그저 그래요.
还可以。
하이 커 이

9. 잘 주무셨어요?
睡得好吗?
쑤이 더 호우 마

10. 점심 드셨어요?
吃午饭了吗?
츠 우 판 러 마

11. 처음 뵙겠습니다.
初次见面。
추 츠 찌엔 미엔

12. 만나뵙게 되어 반갑습니다.
很高兴见到您。
헌 꼬우 씽 찌엔 또우 닌

13. 만나뵙게 되어 기쁩니다.
很愉快见到您。
헌 위 콰이 찌엔 또우 닌

14. 만나서 즐거웠습니다.
见到您很愉快。
찌엔 또우 닌 헌 위 콰이

15. 또 만나요.
再会。
짜이 후이

② 대답

1. 예, 그렇습니다. / 아뇨, 아닙니다.
是的。／不，不是。
쓰 더 / 부 부 쓰

2. 뭐라고 하셨어요?
您说什么?
닌 슈오 선 머

3. 무슨 말인지 모르겠습니다.
我不知道您在说什么。
워 뿌 즈 또우 닌 짜이 슈오 선 머

4. 알겠습니다.
我明白了。
워 밍 바이 러

5. 예, 그렇게 생각합니다. / 아뇨, 그렇게 생각하지 않아요.
是，我是那么想的。／不，我不那么想。
쓰 워 쓰 나 머 샹 더 / 부 워 부 나 머 샹

6. 모르겠어요.
我不知道。
워 뿌 즈 또우

7. 예, 부탁합니다. / 아뇨, 괜찮습니다.
是，拜托了。／不，没关系。
쓰 빠이 퉈 러 / 부 메이 꾸안 시

인천 국제공항 운행노선 

구로
구로역　라이프 공구　갈산초교　진명여고　목동5거리　목동4거리　대일고교
인천공항　김포공항　송정역　발산역　88체육관　화곡동입구　수도통합병원

동대문
동대문　광화문　합정역　김포공항　인천공항

시청
충정로　광화문　시청　서울역　공덕동　마포　강변북로　인천공항

잠실1
롯데월드　삼성역　강남터미널　국립묘지　강서구청　김포공항　인천공항

잠실2
롯데월드　삼성역　역삼동　강남터미널　88대로　인천공항

청량리
청량리　동대문　광화문　합정역　인천공항

강남
팰레스　리츠칼튼　노보텔　인터콘티넨탈　르네상스 팰레스맞은편　김포공항　인천공항

강남터미널
강남터미널　인천공항

김포공항
김포공항　인천공항

남산1
신라　앰버서더　타워　하얏트　힐튼　서울역　홀리데이인서울　강변북로　김포공항
인천공항　강변북로　홀리데이인서울　서울역　힐튼　하얏트　타워　앰버서더　신라

남산2
인천공항　김포공항　홀리데이인　힐튼　하얏트　신라　타워　앰버서더
인천공항　서울역　힐튼　하얏트　신라　타워

도심터미널1
강남도심공항터미널　김포공항　인천공항

도심터미널2
도심터미널　인천공항

동서울
워커힐 동서울터미널　롯데월드　김포공항　인천공항　롯데월드　동서울터미널　워커힐

방학사거리
방학동 소피아호텔　노원역　하계역　태릉입구역　김포공항　인천공항

서울역
서울역　인천공항

여의도
여의도　인천공항

시청
인천공항　김포공항　코리아나　프라자　롯데　조선　KAL　인천공항

3 감사

1. 고맙습니다.
谢谢。

2. 친절에 감사합니다.
谢谢您的关照。

3. 도와 주셔서 고맙습니다.
谢谢您的帮助。

4. 전화해 주셔서 고맙습니다.
谢谢您来电话。

5. 어쨌든 감사합니다.
总之，很感谢。

6. 천만에요.
哪里哪里！

7. 별 것 아닙니다.
没什么。

4 사과

1. 미안합니다.
对不起。
뚜이 뿌 치

2. 실례합니다.
请问。
칭 원

3. 정말 죄송합니다.
非常对不起。
페이 창 뚜이 뿌 치

4. 늦어서 죄송합니다.
对不起，来晚了。
뚜이 뿌 치 라이 완 러

5. 기다리시게 해서 죄송합니다.
对不起，让你久等了。
뚜이 뿌 치 랑 니 지우 덩 러

6. 괜찮습니다.
没关系。
메이 꾸안 시

7. 제 잘못입니다.
是我的错。
쓰 워 더 춰

5 말을 걸 때

1. 실례하겠습니다.
请问。
칭 원

---

2. 실례지만 빈 자리입니까?
请问，这个座位空着吗？
칭 원 쩌 거 쭈오 웨이 쿵 저 마

---

3. 실례지만 여기서 담배를 피워도 됩니까?
请问，可以在这儿抽烟吗？
칭 원 커 이 짜이 쩔 처우 얜 마

---

4. 실례지만 빈 택시입니까?
请问，是空出租车吗？
칭 원 쓰 쿵 추 쭈 처 마

---

5. 실례지만 우체국 가는 길을 가르쳐 주시겠어요?
请问，去邮电局怎么走？
칭 원 취 여우 띠엔 쥐 전 머 저우

---

6. 부탁 하나 들어 주시겠어요?
我可以拜托您一件事情吗？
워 커 이 빠이 퉈 닌 이 찌엔 쓰 칭 마

---

7. 실례지만 좀 지나가겠습니다.
对不起，请让一下好吗？
뚜이 뿌 치 칭 랑 이 샤 호우 마

6 부탁할 때

1. 물을 주세요.
请拿杯水。
칭 나 베이 수이

2. 어른 2장 주세요.
请给两张成人票。
칭 게이 량 짱 청 런 피아오

3. 힐튼 호텔로 가 주세요.
请带我到希尔顿宾馆。
칭 따이 워 또우 시 얼 뚠 삔 관

4. 북경행 한 장 주세요.
请给一张到北京的票。
칭 게이 이 짱 또우 베이 징 더 피아오

5. 와인 한 잔 더 주세요.
请再拿一杯葡萄酒。
칭 짜이 나 이 베이 푸 토우 지우

6. 모포 한 장 주세요.
请给一张毯子。
칭 게이 이 짱 탄 즈

7. 입국카드를 주세요.
请给我一张入境卡。
칭 게이 워 이 짱 루 찡 카

8. 이 서류 쓰는 법을 가르쳐 주시겠어요?
能告诉我填这表格的方法吗？
넝 꼬우 쑤 워 티엔 쩌 비아오 거 더 팡 파 마

9. 저 스웨터를 보여 주세요.
请给我看一下那件毛衣。
칭 게이 워 칸 이 샤 나 찌엔 모우 이

10. 신문을 가져다 주세요.
请给我拿报纸。
칭 게이 워 나 뽀우 즈

11. 뭘 좀 먹고 싶어요.
想吃点什么。
샹 츠 디엔 선 머

12. 이것이 마음에 듭니다.
我喜欢这个。
워 시 환 쩌 거

13. 뉴욕에 가고 싶습니다.
我想去纽约。
워 샹 취 니우 위에

14. 면세품을 사고 싶습니다.
我想买免税品。
워 샹 마이 미엔 쑤이 핀

15. 실례지만 시원한 걸 마시고 싶은데요.
很抱歉，我想喝点凉的。
헌 뽀우 치엔 워 샹 허 디엔 량 더

7 다시 물어볼 때

1. 뭐라고 하셨어요?
您说什么?
닌 슈오 선 머

2. 뭐라고 했지요?
您刚才说什么?
닌 깡 차이 슈오 선 머

3. 다시 한 번 말씀해 주세요.
能不能再说一次?
넝 뿌 넝 짜이 슈오 이 츠

4. 더 천천히 말씀해 주세요.
请说得再慢一点。
칭 슈오 더 짜이 만 이 디엔

5. 잘못 알아 들었습니다.
我听错了。
워 팅 춰 러

6. 모르겠는데요.
我不知道。
워 뿌 즈 또우

7. 당신이 한 말을 써 주시겠어요?
您把说的话，写一下好吗?
닌 바 슈오 더 화 시에 이 샤 호우 마

8 허락을 구할 때

1. 여기에 앉아도 됩니까?
可以坐这儿吗?
커 이 쭈오 쩔 마

2. 제 소개를 해도 되겠습니까?
可以介绍我自己吗?
커 이 찌에 소우 워 쯔 지 마

3. 사진을 찍어도 됩니까?
可以照相吗?
커 이 쪼우 샹 마

4. 창문을 열어도 됩니까?
可以开窗吗?
커 이 카이 촹 마

5. 전화를 써도 됩니까?
可以打电话吗?
커 이 다 띠엔 화 마

6. 성함을 물어봐도 되겠습니까?
请问您贵姓?
칭 원 닌 꾸이 씽

7. 전화번호를 물어봐도 되겠습니까?
可以问一下您的电话号码吗?
커 이 원 이 샤 닌 더 띠엔 화 호우 마 마

8. 질문 하나 해도 되겠습니까?
可以提一个问题吗?
커 이 티 이 꺼 윈 티 마

9. 함께 가도 되겠습니까?
可以一起去吗?
커 이 이 치 취 마

10. 상의를 벗어도 되겠습니까?
可以脱上衣吗?
커 이 퉈 쌍 이 마

11. 담배를 피워도 괜찮겠습니까?
可以抽烟吗?
커 이 처우 얜 마

해외 여행에서의 매너 

○ 창구에서는 일렬로 줄을 선다. 노약자나 장애자를 우선으로 하는 등 당연한 일을 하지 않으면 큰 창피를 당하게 된다.

○ 식사 예절, 레이디 퍼스트 등의 매너와 공공 장소에서 질서있는 행동도 모두 매너이다.

○ 대부분의 도시에서는 공공 장소에서의 흡연이 법률로 금지되어 있다. 레스토랑에서도 흡연석을 따로 설치해 놓은 경우가 아니라면 전체가 금연석이라고 생각하면 된다. 걸어가면서 담배를 피우는 것은 문제되지 않지만 담배를 피우는가의 여부가 사회적 지위에까지 영향을 미치는 분위기이다. 흡연 가능한 장소라도 주변 사람들에게 물어 보는 것이 예의이다.

9 물어볼 때

1. 그것이 마음에 듭니까?
你喜欢那个吗?
니 시 환 나 꺼 마

2. 그거 알고 있습니까?
你知道那个吗?
니 즈 또우 나 꺼 마

3. 오렌지 주스 있어요?
有没有澄汁?
여우 메이 여우 청 쯔

4. 이 근처에 호텔이 있습니까?
这附近有宾馆吗?
쩌 푸 진 여우 삔 관 마

5. 성함을 물어봐도 되겠습니까?
请问您贵姓?
칭 원 닌 꾸이 씽

6. 빈 방 있습니까?
有没有空房?
여우 메이 여우 쿵 팡

7. 화장실은 어디 있습니까?
卫生间在哪儿?
웨 성 찌엔 짜이 나 얼

8. 언제 출발합니까?
什么时候出发?
선 머스 허우 추 파

9. 누구에게 물어봐야 합니까?
应该问谁?
잉 가이 원 수이

10. 지금 몇 시죠?
现在几点?
시엔 짜이 지 디엔

11. 얼마입니까?
多少钱?
뚜오 소우 치엔

12. 베이징역까지 멉니까?
离北京站远吗?
리 베이징 짠 위엔 마

13. 공항까지 얼마나 걸립니까?
到机场要多长时间?
또우 찌 창 요우 뚜오 창 스 지엔

14. 이 전화는 어떻게 씁니까?
这个电话怎么打?
쩌 거 띠엔 화 전 머 다

15. 힐튼 호텔까지 어떻게 갑니까?
请问, 去希尔顿宾馆怎么走?
칭원 취 시 얼 뚠 삔 관 전 머 저우

⑩ 요구할 때

1. 지금 가야 해요.
現在该走了。
시엔 짜이 까이 저우 러

2. 30분 내에 돌아가야 합니다.
三十分钟内得回去。
싼 스 펀 쭝 네이 데이 후이 취

3. 1시간 전에는 체크인해야 합니다.
一小时之前得办理登机手续。
이 시아오 스 즈 치엔 데이 빤 리 떵 찌 서우 쉬

4. 오늘 중으로 그것이 필요합니다.
今天需要那个。
찐 티엔 쉬 요우 나 거

5. 내일 오전 중에 떠나야 합니다.
明天上午得离开。
밍 티엔 쌍 우 데이 리 카이

6. 경찰서에 가야 합니다.
应该去警察局。
잉 가이 취 징 차 쥐

7. 세관신고서가 필요합니다.
需要海关申报单。
쉬 요우 하이 꾸안 선 뽀우 딴

⑪ 긴급시의 표현

1. 문제가 생겼어요.
出问题了。
추 원 티 러

2. 도와 주시겠어요?
能帮一下忙吗?
넝 빵 이 샤 망 마

3. 길을 잃어버렸습니다.
我迷路了。
워 미 루 러

4. 내 짐이 보이지 않습니다.
我的行李找不到了。
워 더 싱 리 쪼우 부 또우 러

5. 여권을 잃어버렸습니다. / 지갑을 도둑 맞았습니다.
我丢了护照。／我的钱包被偷了。
워 띠우 러 후 쪼우 / 워 더 치엔 뽀우 뻬이 터우 러

6. 한국어를 할 수 있는 사람을 불러주세요.
请叫一下懂韩国语的人。
칭 찌아오 이 샤 둥 한 궈 위 더 런

7. 몸이 좋지 않아요.
身体不太舒服。
선 티 부 타이 쑤 푸

긴급전화 및 주요 연락처

여행지에서 갑자기 돌발적인 상황이 발생했을 때 도움을 받을 수 있는 비상 연락처를 미리 받아 둔다. 한국에서 예약한 여행사의 비상 연락처는 물론이고, 여행자 보험이 가입되어 있는 보험 회사와 현지의 여행사 연락처를 꼭 받아 놓는다.

중국	120 : 의료 응급센터 110 : 신고 제보 종합센터 (공안 경찰) 119 : 화재 신고

8. 경찰을 불러 주세요. / 의사를 불러 주세요.

请叫警察。／请叫医生。

칭 찌아오 징 차 / 칭 찌아오 이 썽

9. 아주 중요한(급한) 일입니다.

是非常重要（紧急）的事。

쓰 페이 창 쭝 요우(진 지) 더 쓰

중국의 생활정보

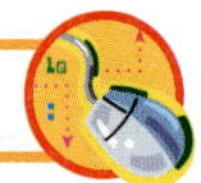

중국의 약국에서는 한국과 달리 조제약을 취급하지 않습니다. 그래서 중국사람들은 감기가 조금 심하면 바로 병원으로 갑니다. 처방전과 조제가 분리되어 있기 때문입니다. 때문에 약국에서 감기약 지어 달라고 하면 안 됩니다. 한국의 의약분업이 중국에서는 이미 시작된 셈이지요. 또, 중국에는 개인병원이 없는 대신 국가에서 운영하는 대규모의 종합 병원이 많이 있습니다.

출국 · 기내

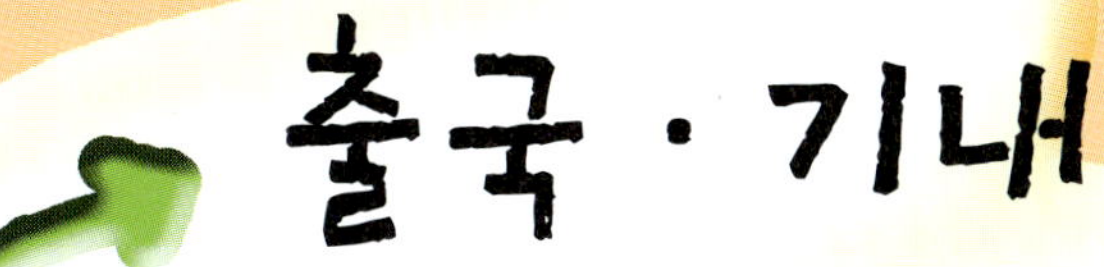

① 기내에서

기내에 들어가면 지정 좌석을 확인한 후 여행가방 등 휴대품을 선반에 올려 놓고 편안하게 앉아서 안전벨트를 매고 금연 상태로 이륙을 기다린다. 항공기 이착륙시 금연등이 꺼질 때까지는 금연하고 금연석이나 화장실에서는 담배를 피우면 안 된다. 항공기 고도가 높아지면 기압에 의해 귀가 멍해지는 일이 있는데 이때는 사탕 또는 껌을 씹거나 하품을 하면 곧 사라진다. 기내 화장실은 남녀 공용. 사용중이면 「OCCUPIED」, 비어 있으면 「VACANT」가 표시된다.

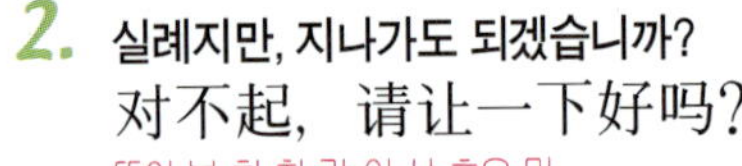

1. 32 A석은 어디입니까?
32A座在哪儿？
싼 얼 에이 쭈오 짜이 날

2. 실례지만, 지나가도 되겠습니까?
对不起，请让一下好吗？
뚜이 부 치 칭 랑 이 샤 호우 마

3. 빈 자리가 있습니까?
有没有空座？
여우 메이 여우 쿵 쭈오

4. 금연석만 있습니다.
只有禁烟席。
즈 여우 찐 얜 시

5. 이 가방을 맡아주시겠어요?
能存包吗？
넝 춘 뽀우 마

6. 담배를 피워도 됩니까?
可以抽烟吗?
커 이 처우 얜 마

7. 마실 걸 좀 주십시오.
请拿点喝的，好吗?
칭 나 디엔 허 더 호우 마

8. 모포를 한 장 더 주시겠습니까?
可以再给一张毛毯吗?
커 이 짜이 게이 이 짱 모우 탄 마

9. 이 자리로 옮겨도 됩니까?
可以移到这个座位吗?
커 이 이 또우 쩌 거 쭈오 웨이 마

10. 화면을 볼 수 없습니다. 다른 자리로 바꿀 수 있습니까?
我看不到画面，可以换一下座位吗?
워 칸 부 또우 화 미엔 커 이 환 이 샤 쭈오 웨이 마

11. 친구 옆 자리로 옮기고 싶습니다.
我想移到朋友旁边的座位。
워 샹 이 또우 펑 여우 팡 비엔 더 쭈오 웨이

12. 중앙석의 승객이 자리를 바꿀 것 같습니다만 괜찮겠습니까?
坐在中央席的乘客好像能换，可以吗?
쭈오 짜이 쭝 양 시 더 청 커 호우 샹 넝 환 커 이 마

13. 예, 좋습니다.
是的，可以。
쓰 더 커이

14. 빈 자리입니까?
是空座吗?
쓰 쿵 쭈오 마

15. 화장실은 어디 있습니까?
卫生间在哪儿?
웨이 성 찌엔 짜이 날

16. 멀미가 납니다.
我恶心。
워 어 신

17. 예정대로 도착합니까?
准时到吗?
준 스 또우 마

18. 한국어를 할 줄 아는 분을 불러 주십시오.
请叫一下懂韩国语的人。
칭 찌아오 이 샤 둥 한 궈 위 더 런

19. 여기가 제 자리입니다. 착오가 있는 것 같군요.
好像弄错了，这是我的位置。
호우 샹 눙 춰 러 쩌 쓰 워 더 웨이 즈

20. (스튜어디스에게) 좌석이 뒤바뀐 것 같습니다.
座位好像弄错了。
쭈오 웨이 호우 샹 눙 춰 러

21. 조사해 보겠습니다. 잠시 기다려 주십시오.
我们查一下，请稍等。
워 먼 차 이 샤 칭 소우 덩

22. 탑승수속 때 금연석을 요청했습니다.

办理登机手续时，我要求禁烟席了。

빤 리 떵 찌 서우 쉬 스 워 요우 치우 찐 얜 시 러

23. 착오가 있는 것 같습니다.

好像出差错了。

호우 샹 추 차 춰 러

24. 조치해 주시겠습니까?

能给处理一下吗？

넝 게이 추 리 이 샤 마

25. 베이징 도착은 몇 시입니까?

几点到北京？

지 디엔 또우 베이 징

26. 현지 시간으로 오전 9시에 도착합니다.

当地时间上午9点到达。

땅 띠 스 지엔 쌍 우 지우 디엔 또우 다

27. 안내방송을 못 들었습니다.

我没听见广播。

워 메이 팅 찌엔 광 버

28. (갈아탈 때) 수하물은 기내에 두어도 됩니까?

把行李放在飞机内行吗？

바 싱 리 팡 짜이 페이 찌 네이 싱 마

29. 북방 항공100편으로 갈아 타야 합니다. 가능합니까?

我得换乘北方航空100航班，可能吗？

워 데이 환 청 베이 팡 항 쿵 요우 링 링 항 빤 커 넝 마

30. 비행편은 좀 지연됩니다만 걱정하지 마세요.

航班虽然推迟了一点，但是请不要担心。

항 빤 수이 란 투이 츠 러 이 디엔 딴 쓰 칭 부 요우 딴 신

비행기표	탑승권	좌석	좌석번호
飞机票	登机牌	座位	座位号
페이 찌 피아오	떵 찌 파이	쭈오 웨이	쭈오 웨이 호우
출국	승무원	통로석	창측석
出境	乘务员	通道席	靠窗席
추 찡	청 우 위엔	퉁 또우 시	코우 촹 시
빈 자리	만석	신문	잡지
空座	满座	报纸	杂志
쿵 쭈오	만 쭈오	뽀우 즈	자 쯔
구명조끼	산소마스크	멀미봉지	베개
救生衣	氧气罩	呕吐袋	枕头
찌우 성 이	양 치 쪼우	어우 투 따이	전 터우
모포	이륙	착륙	도착
毯子	起飞	着路	到达
탄 즈	치 페이	줘 루	따우 다
흡연석	금연석		
吸烟席	禁烟席		
씨 앤 시	찐 앤 시		

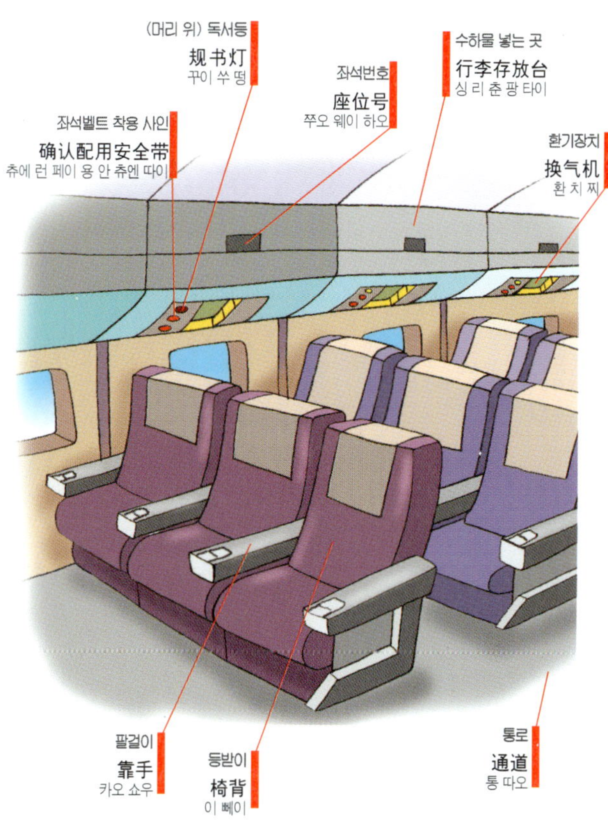

(머리 위) 독서등
规书灯
꾸이 쑤 떵

수하물 넣는 곳
行李存放台
싱 리 춘 팡 타이

좌석번호
座位号
쭈오 웨이 하오

좌석벨트 착용 사인
确认配用安全带
츄에 런 페이 용 안 츄엔 따이

환기장치
换气机
환 치 찌

팔걸이
靠手
카오 쇼우

등받이
椅背
이 뻬이

통로
通道
통 따오

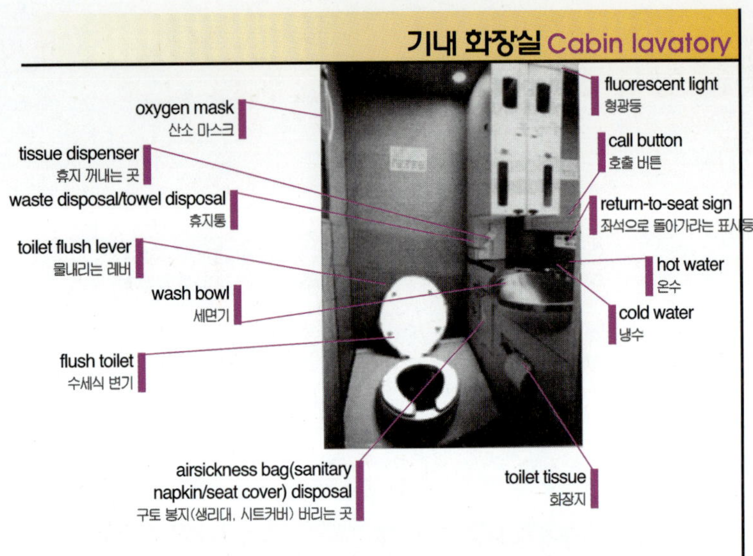

기내 화장실 안내문

비었음	Vacant	베이컨트
사용중	Occupied	아큐파이드
버튼을 누르시오	Push button	푸쉬 버튼
화장실에서는 금연하시오	No smoking in toilet	노우 스모우킹 인 토일릿
화장지만 버리시오	Hand towels only	핸드 타월즈 온니
변기물을 내리시오	Flush toilet	플러쉬 토일릿

Cabin lavatory

② 기내 서비스를 요청할 때

기내에서는 식사, 음료와 주류, 영화와 음악, 신문과 잡지, 기내지 등의 서비스가 무료로 제공된다. 승무원의 도움이 필요할 때는 호출버튼을 누르면 즉시 친절한 도움을 받을 수 있다. 기내에서는 면세품을 팔고 있으며, 기내에 비치된 면세품 안내책자를 참고해서 주문하면 된다. 음료 서비스는 소프트 드링크는 무료, 술은 태평양 노선만 유료이다. 국제선의 기내는 「면세구역」이므로 유료노선에서도 술은 싸게 마실 수 있다. 단 지상보다 기압이 낮아서 쉽게 취하므로 과음은 삼가하는 게 좋다.

1. 식사하셨어요?
用餐了吗?
융 찬 러 마

2. 자느라고 아직 못했습니다.
我因睡觉还没有吃。
워 인 쑤이 찌아오 하이 메이 여우 츠

3. 지금 식사할 수 있습니까?
现在可以用餐吗?
시엔 짜이 커 이 융 찬 마

4. 생선 요리를 부탁합니다.
请给我鱼肉餐。
칭 게이 워 위 러우 찬

5. 식사는 지금 필요 없습니다.
我现在不用餐。
워 시엔 짜이 부 융 찬

6. 마실 걸 좀 주시겠습니까?
能拿点喝的吗?
넝 나 디엔 허 더 마

7. 식전 음료를 드시겠어요?
用餐前需要喝饮料吗？
융 찬 치엔 쉬 요우 허 인 리아오 마

8. 무엇이 있습니까?
有什么？
여우 선 머

9. 오렌지 주스, 콜라, 맥주, 와인, 위스키가 있습니다.
有澄汁，可乐，啤酒，葡萄酒和威士忌。
여우 청 쯔 커 러 피 지우 푸 토우 지우 허 웨이 쓰 찌

10. 맥주를 주십시오.
请给我啤酒。
칭 게이 워 피 지우

11. 메인 메뉴로 쇠고기, 닭고기, 생선요리가 있습니다.
主菜有牛肉，鸡肉，和鱼肉。
주 차이 여우 니우 러우 찌 러우 허 위 러우

12. 지금 디저트를 드시겠습니까?
现在需要甜食吗？
시엔 짜이 쉬 요우 티엔 스 마

13. 홍차와 커피가 있습니다.
有红茶和咖啡。
여우 훙 차 허 카 페이

14. 우유와 레몬티가 있습니다. 어느 것을 좋아하십니까?
有牛奶和柠檬。您喜欢什么？
여우 니우 나이 허 닝 멍 닌 시 환 선 머

15. 다 드셨습니까? 식기를 치워도 되겠습니까?
您用完餐了吗？　可以拿走吗？
닌 융 완 찬 러 마 커 이 나 저우 마

16. 다른 음료를 마셔도 됩니까?
我可以喝别的饮料吗？
워 커 이 허 비에 더 인 리아오 마

17. 물 한 잔 부탁했었는데요.
我要的水还没有拿来。
워 요우 더 수이 하이 메이 여우 나 라이

18. 내 가방을 가져다 주시겠습니까?
把我的包拿过来，好吗？
바 워 더 뽀우 나 꿔 라이 호우 마

19. 화장실이 고장입니다.
卫生间出故障了。
웨이 성 찌엔 추 꾸 짱 러

20. 시끄러워서 못 자겠어요.
太吵了，我无法入睡。
타이 초우 러 워 우 파 루 쑤이

21. 영화 채널은 몇 번입니까?
电影在哪个频道演？
띠엔 잉 짜이 나 거 핀 또우 얜

22. 헤드폰이 고장입니다.
手机出毛病了。
서우 찌 추 모우 삥 러

23. (입국카드나 세관 신고서를 보이며) 다 썼는데요, 맞습니까?

已经写好了，对吗?

이 징 시에 호우 러 뛰이 마

24. 춥습니다. / 덥습니다.

我很冷。／我很热。

워 헌 렁 / 워 헌 러

25. 기내 판매는 있습니까?

有机内销售吗?

여우 찌 네이 시아오 서우 마

26. 이 비행기에서는 면세품을 팔고 있습니까?

这架飞机内卖免税品吗?

쩌 쟈 페이 찌 네이 마이 미엔 쑤이 핀 마

27. 무엇을 팔고 있습니까?

卖什么呀?

마이 선 머 야

28. 다른 것은 없습니까?

有别的吗?

여우 비에 더 마

29. (기내 판매에서) 시가가 있으면 보여주십시오. 얼마입니까?

有雪加烟的话请给我看一下。多少钱?

여우 쉬에 쟈 옌 더 화 칭 게이 워 칸 이 샤 뚜오 소우 치엔

30. 한 상자에 160원입니다.

一箱一百六十元。

이 샹 이 바이 리우스 위엔

31. 여행자 수표를 받습니까?

收旅行支票吗?

서우 뤼 싱 즈 피아오 마

32. 한국으로 보내 주시겠습니까?

能寄到韩国吗?

넝 찌 또우 한 궈 마

실용단어

난기류	안개	비상구	늦다
乱气流	**雾**	**紧急出口**	**晚**
롼 치 리우	우	진 지 추 커우	완
이어폰	고장	승무원실/여객실	음료
耳机	**故障**	**飞机舱**	**饮料**
얼 찌	꾸 짱	페이 찌 창	인 리아오
음료수	커피	홍차	녹차
饮料水	**咖啡**	**红茶**	**绿茶**
인 리아오 수이	카 페이	홍 차	뤼 차
맥주	위스키	백포도주	적포도주
啤酒	**威士忌**	**白葡萄酒**	**红葡萄酒**
피 지우	웨이 쓰 찌	바이 푸 토우 지우	홍 푸 토우 지우
주스	얼음	디저트	유료
果汁	**冰**	**甜食**	**收费**
궈 쯔	삥	티엔 스	서우 페이
무료	식사	닭고기	돼지고기
免费	**餐**	**鸡肉**	**猪肉**
미엔 페이	찬	찌 러우	쭈 러우
쇠고기	생선	면세품	기내판매
牛肉	**鱼**	**免税品**	**机内销售**
니우 러우	위	미엔 쑤이 핀	찌 네이 시아오 서우

1. 멀미(구토)가 납니다.
我恶心。
워 어 씬

2. 배(머리)가 아픕니다.
我肚子(头)疼。
워 뚜 즈 (터우) 텅

3. 현기증이 납니다.
我头晕。
워 터우 윈

4. 가슴이 아픕니다.
我胸疼。
워 시웅 텅

5. 멀미 봉지는 있습니까?
有呕吐袋吗?
여우 어우 투 따이 마

6. (구토가 나서) 화장실에 데려가 주시겠습니까?
可以带我到卫生间吗?
커 이 따이 워 또우 웨이 성 찌엔 마

7. 열이 있는 것 같습니다.
好像发烧。
호우 샹 파 소우

8. 좀 춥습니다. 모포를 한 장 더 주십시오.
有点冷。请给拿一张毛毯。
여우 디엔 렁 칭 게이 나 이 짱 모우 탄

9. 두통약 좀 있습니까?
有头痛药吗?
여우 터우 퉁 요우 마

10. 약을 먹고 싶습니다.
我想吃药。
워 샹 츠 요우

11. 이 비행기에 의사는 없습니까?
这飞机内有医生吗?
쩌 페이 찌 네이 여우 이 썽 마

12. 멀미가 납니까?
恶心吗?
어 씬 마

13. 괜찮습니다.
没关系。
메이 꽌 시

14. 좀 좋아집니까?
好点了吗?
호우 디엔 러 마

15. 고맙습니다. 좋아집니다.
谢谢。好点了。
씨에 씨에 호우 디엔 러

16. 곧 가져다 드리겠습니다.
马上给您拿来。
마 쌍 게이 닌 나 라이

17. 베개도 갖다 드릴까요?
给您拿枕头，好吗?
게이 닌 나 전 터우 호우 마

18. 아프신 것 같군요. 스튜어디스를 부를까요?
好像不舒服，需要叫乘务员吗?
호우 샹 뿌 수 푸 쉬 요우 찌아오 청 우 위엔 마

실용표현

머리가 아프다.	배가 아프다.	이가 아프다.
头疼 터우 텅	**肚子疼** 뚜즈 텅	**牙疼** 야 텅
토할 것 같다.	오한이 난다.	여기가 아프다.
我想要吐 워 샹 요우 투	**感到寒冷** 간 또우 한 렁	**这儿疼** 쩔 텅
아프다.	감기 걸렸다.	잠잘 수 없다.
疼 텅	**感冒了** 간 모우 러	**无法入睡** 우 파 루 쑤이
뻐근한 통증이 있다.	통증이 심하다.	살살 아프다.
钝痛 뚠 퉁	**痛的很严重** 퉁 더 헌 얜 쭝	**隐隐作痛** 인 인 쭈오 퉁
계속 아프다.	열이 있다.	어지럽다.
一直疼 이즈 텅	**发烧** 파 소우	**头晕** 터우 윈

도착·입국

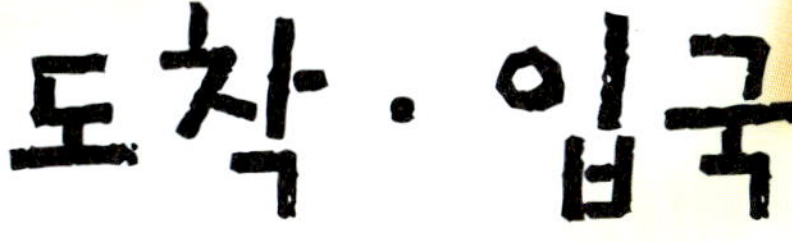

① 비행기를 갈아탈 때

통과 승객인 경우에 하물은 좌석 위에 놓고 귀중품만 지니고 비행기에서 내린다. 갈아타는 승객인 경우 기내에 가지고 들어간 하물은 가지고 내린다. 비행기 출구에서 트랜짓 카드(Transit Card)를 반드시 받는다. 이때 탑승시간과 게이트를 확인해 둘 것. 대합실(Transit Room)에서 휴식. 면세품 쇼핑도 여기에서는 가능하다. 갈아탈 게이트로 가서 트랜짓 카드를 직원에게 보여주고 기내로 들어간다.

1. 대한항공 113편으로 북경에 갈 겁니다.
我要乘大韩航空113航班去北京。
워 요우 청 따 한 항 쿵 요우 요우 싼 항 빤 취 베이 징

2. 북경에 몇 시에 도착합니까?
几点到北京?
지 디엔 또우 베이 징

3. 현지 시각 오후 8시 30분 예정입니다.
预计当地时间下午8点30分到达。
위 찌 땅 띠 스 지엔 샤 우 빠 디엔 싼 스 펀 따오다

4. 이 공항에는 얼마동안 머뭅니까?
在这个机场停留多长时间?
짜이 쩌 거 찌 창 팅 리우 뚜오 창 스 지엔

5. 기내에 남아 있어도 됩니까?
可以呆在飞机内吗?
커 이 따이 짜이 페이 찌 네이 마

6. 이 편은 정시에 출발합니까?
这个航班准时出发吗?
쩌 거 항 빤 준 스 추 파 마

7. 탑승시각은 몇 시부터입니까?
几点开始登机?
지 디엔 카이 스 떵 찌

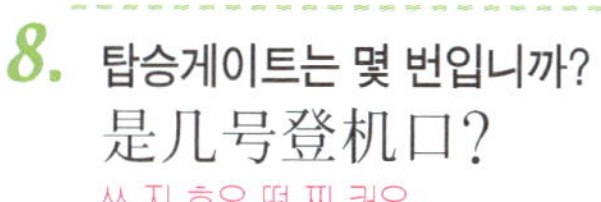

8. 탑승게이트는 몇 번입니까?
是几号登机口?
쓰 지 호우 떵 찌 커우

9. 탑승게이트는 26번입니다.
是26号登机口。
쓰 얼 스 리우 호우 떵 찌 커우

10. 대한항공의 카운터는 어디입니까?
大韩航空公司的柜台在哪儿?
따 한 항 쿵 꿍 스 더 꾸이 타이 짜이 날

11. 갈아탈 비행편의 탑승 수속은 어디에서 합니까?
换乘航班的登机手续在哪儿办?
훤 칭 횡 빤 더 떵 찌 서우 쒸 짜이 날 빤

12. 탑승 수속을 여기에서 할 수 있습니까?
在这儿可以办登机手续吗?
짜이 쩔 커 이 빤 떵 찌 서우 쒸 마

13. 예약을 변경하고 싶습니다.
我想更改预定。
워 샹 껑 가이 위 띵

14. 연결편을 타지 못할 것 같습니다.
我担心坐不了下一航班。
워 딴 씬 쭈오 부 리아오 샤 이 항 빤

15. 연결편에 타지 못했습니다.
我没有登上下一航班。
워 메이 여우 떵 쌍 샤 이 항 빤

16. 다른 항공편을 알아봐 주십시오.
请查一下其他航班。
칭 차 이 샤 치 타 항 빤

17. 오늘 오후 항공편으로 중국에 가고 싶은데 빈 자리가 있습니까?
我想乘今天下午的航班去中国，有空位吗？
워 샹 청 찐 티엔 샤 우 더 항 빤 취 쭝 궈 여우 쿵 웨이 마

18. 창측 좌석을 부탁합니다.
请给靠窗的位置。
칭 게이 코우 창 더 웨이 즈

19. 친구의 옆 좌석에 앉고 싶습니다.
我想坐在朋友旁边。
워 샹 쭈오 짜이 펑 여우 팡 비엔

통과권	대합실	탑승시각	탑승 게이트
过境卡	**候机室**	**登机时间**	**登机口**
꾸어 찡 카	허우 찌 쓰	떵 찌 스 지엔	떵 찌 커우
대기시간	출발시간	트랜짓카운터	면세점
待机时间	**出发时间**	**运送柜台**	**免税店**
따이 찌 스 지엔	추 파 스 지엔	윈 쑹 꾸이 타이	미엔 쑤이 띠엔
예약	기내	빈 자리	만석
预定	**飞机内**	**空位**	**满座**
위 띵	페이 찌 네이	쿵 웨이	만 쭈오
창측	통로측	흡연석	금연석
靠窗	**通道侧**	**吸烟席**	**禁烟席**
코우 창	퉁 또우 처	씨 옌 시	찐 옌 시

입국 수속 절차

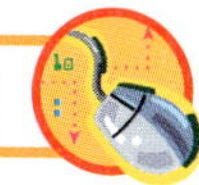

도착   ARRIVAL (**到达**)
'ARRIVAL(도착)' 이라고 써 있는 곳으로 간다(환승객은 TRANSIT으로). 필요한 경우에 QUARANTINE(검역)에서 예방접종증명서(Vaccination Certificate/Yellowcard) 등을 제출한다.

입국심사   IMMIGRATION (**入境检查**)
여권(Passport)과 입국카드(Disembarkation Card)를 제출한다. 외화신고가 필요한 나라도 있다.

하물 찾기   BAGGAGE (**取行李**)
타고온 비행기편 명이 표시된 곳에서 수하물을 찾는다. 수하물이 파손되어 있거나 나오지 않을 경우에는 수하물 인환증(Claim Tag)과 항공권(Ticket)을 가지고 문의한다.

세관   CUSTOMS (**海关**)
여권과 세관 신고서(Customs Declaration Form)을 가지고 통과한다. 담배, 술 등은 반입이 제한된다. 입국시에 신고한 귀중품이 출국시에 없으면 과세를 당하게 된다.

도착로비   LOBBY

환전   BANK/AUTHORIZED MONEY CHANGER (**换钱**)
필요한 현금은 공항의 은행이나 환전소에서 현금으로 교환해 둔다. 이때 필요한 잔돈(Small Coin)도 섞어서 받는다.

입국 수속은 원칙적으로 탑승기가 최초로 기항하는 나라의 공항에서 한다. 착륙 전에 입국카드와 세관 신고서가 기내에서 배부되면 필요사항을 기입한다. 비행기에서 내리면 표시를 따라서 입국심사대로 향한다. 그곳에서 여권과 입국카드를 제출한다. 입국목적, 체재기간, 세관에 신고할 것이 있는지의 여부를 물어볼 경우 정직하게 대답하면 큰 문제는 없다. 합법적인 입국이라고 인정되면 여권에 스탬프를 찍고 입국카드 부본을 첨부해 준다.

입국카드 ▶ 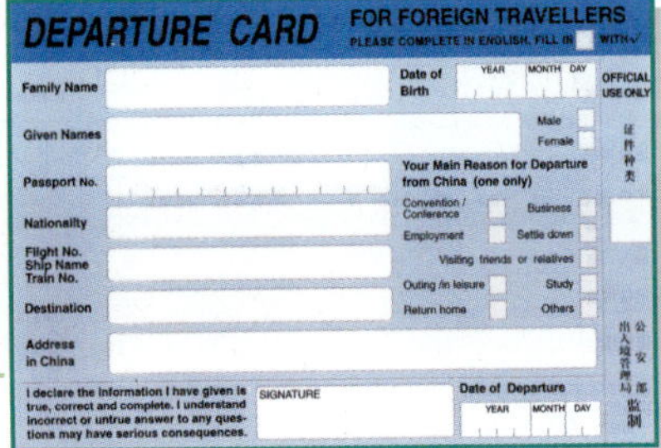

1. 입국심사대로 가십시오.
请到入境检查口。
칭 또우 루 찡 지엔 차 커우

2. 여권을 보여주십시오.
请出示护照。
칭 추 쓰 후 쪼우

3. 이 나라에는 처음입니까?
初次到这个国家吗?
추 츠 또우 쩌 거 궈 쟈 마

4. 예, 처음입니다.
是的。
쓰 더

5. 비자를 가지고 있습니까?
有签证吗?
여우 치엔 쩡 마

6. 여행 목적은 무엇입니까?
旅行目的是什么?
뤼 싱 무 띠 쓰 선 머

7. 관광입니다.
旅游。
뤼 여우

8. 상해에는 며칠간 머무르실 겁니까?
在上海将逗留多长时间?
짜이 쌍 하이 장 떠우 리우 뚜오 창 스 지엔

9. 3일 머물 예정입니다.
预定呆3天。
위 띵 따이 싼 티엔

10. 동행이 있습니까?
有同伴吗?
여우 퉁 빤 마

11. 혼자입니다.
我自己。
워 쯔 지

12. 어디에 묵을 겁니까?
您打算住在哪儿?
닌 따 쏸 쭈 짜이 날

13. 상해에 있는 청년 호텔에 묵을 것입니다.
我将呆在上海的青年宾馆。
워 쟝 따이 짜이 쌍 하이 더 칭 니엔 삔 관

14. 귀국 항공권을 가지고 있습니까?
有回去的机票吗?
여우 후이 취 더 찌 피아오 마

15. 이것이 귀국 항공권입니다.
这是回去的机票。
쩌 쓰 후이 취 더 찌 피아오

16. 오늘 밤 편으로 한국에 갈 겁니다.
我要乘今晚的航班去韩国。
워 요우 청 찐 완 더 항 빤 취한궈

17. 한국어 할 줄 아는 분이 계십니까?
有懂韩国语的人吗?
여우 둥 한 궈 위 더 런 마

18. 중국에 오신 걸 환영합니다.
欢迎到中国。
환 잉 또우 쭝 궈

여권	비자	목적	관광
护照	**签证**	**目的**	**旅游**
후 쪼우	치엔 쩡	무 띠	뤼 여우
유학	목적지	숙박지	기간
留学	**目的地**	**住处**	**其间**
리우 쉬에	무 띠 띠	쭈 추	치 지엔
단체	개인	입국	
团体	**个人**	**入境**	
퇀 티	꺼 런	루 찡	

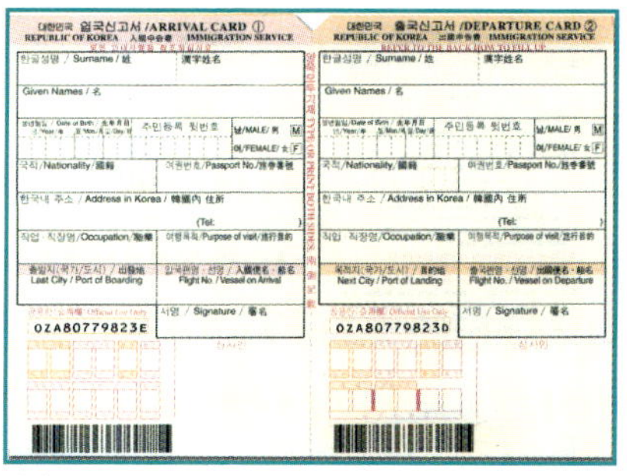

출입국신고서 ▲

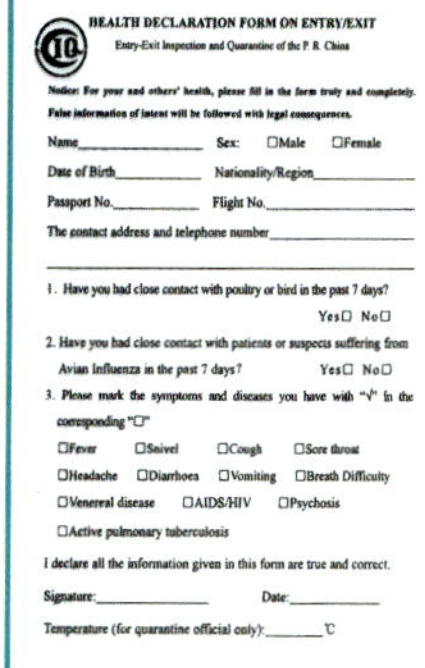

여객건강 신고서 ▶

입국카드 / 세관신고서에 나오는 영어

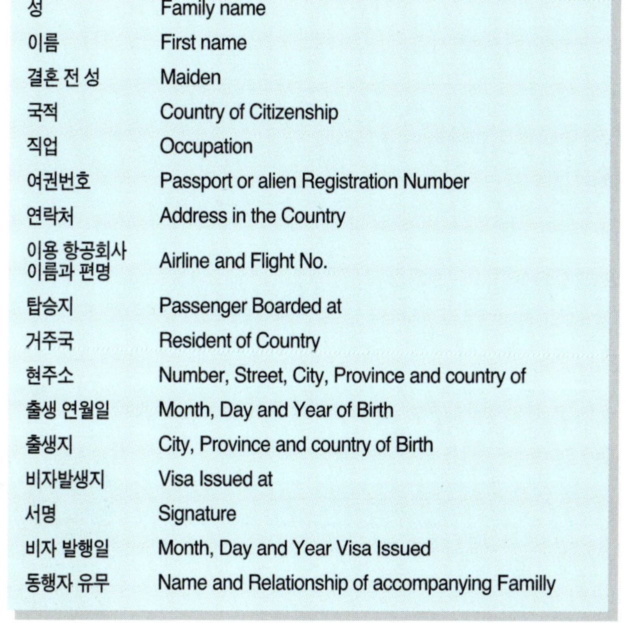

성	Family name
이름	First name
결혼 전 성	Maiden
국적	Country of Citizenship
직업	Occupation
여권번호	Passport or alien Registration Number
연락처	Address in the Country
이용 항공회사 이름과 편명	Airline and Flight No.
탑승지	Passenger Boarded at
거주국	Resident of Country
현주소	Number, Street, City, Province and country of
출생 연월일	Month, Day and Year of Birth
출생지	City, Province and country of Birth
비자발생지	Visa Issued at
서명	Signature
비자 발행일	Month, Day and Year Visa Issued
동행자 유무	Name and Relationship of accompanying Familly

수하물 찾기

1. 가방은 어디에서 찾습니까?
在哪儿取包?
짜이 날 취 뿌우

2. 여기가 대한항공 301편의 수하물 찾는 곳입니까?
这是大韩航空301航班的行李领取处吗?
쩌 쓰 따 한 항 쿵 싼 링 요우 항 빤 더 싱 리 링 취 추 마

3. 탁송한 수하물이 보이지 않습니다.
我找不到托运的行李。
워 쬬우 부 또우 퉈 윈 더 싱 리

4. 검정색 여행 가방을 찾아 주십시오.
请给找一下黑色的旅行包。
칭 게이 쬬우 이 샤 헤이 써 더 뤼 싱 뿌우

5. 가방이 파손되어 있습니다.
包破了。
뿌우 퍼 러

6. 가방이 하나 나오지 않았습니다.
还有一个包没有出来。
하이 여우 이 거 뿌우 메이 여우 추 라이

7. 어떤 모양입니까?
是什么样的?
쓰 선 머 양 더

8. 갈색 여행가방입니다.
是棕色的包。
쓰 쭝 써 더 빠우

9. 수하물 인환증은 가지고 있습니까?
有行李牌吗?
여우 싱 리 파이 마

10. 여기 있습니다. 찾아봐 주시겠습니까?
有，能给找一下吗?
여우 넝 게이 쪼우 이 샤 마

11. 수하물 인환증을 잃어버렸습니다. 어떻게 하죠?
我把行李牌弄丢了，怎么办呢?
워 바 싱 리 파이 눙 띠우 러 전 머 빤 너

12. 이 가방은 찾았는데 다른 가방은 찾을 수 없습니다.
这个包是找到了，但是另一个找不到。
쩌 거 빠우 쓰 쪼우 또우 러 단 쓰 링 이 거 쪼우 부 또우

13. 잃어버린 가방은 어디에 신고해야 합니까?
丢的包在哪儿申告?
띠우 더 빠우 짜이 날 선 꼬우

14. 분실물 신고 창구는 어디입니까?
失物申告处在哪儿?
스 우 선 꼬우 추 짜이 날

15. 수하물에는 어떤 특징이 있습니까?
行李有什么特征吗?
싱 리 여우 선 머 터 쩡 마

16. 내용물은 무엇입니까?
里面是什么?
리 미엔 쓰 선 머

17. 미안합니다. 저희 실수로 보내지지 않았습니다.
对不起, 因我们失误没有把行李送到。
뚜이 뿌 치 인 워 먼 스 우 메이 여우 바 싱 리 쑹 또우

18. 이 수하물 사고 신고서에 기입해 주시겠습니까?
能记入到行李事故申告单上吗?
넝 찌 루 또우 싱 리 쓰 꾸 선 꼬우 딴 쌍 마

19. 발견되면 즉시 연락드리겠습니다.
找到的话, 会立刻跟您联系。
쪼우 또우 더 화 후이 리 커 껀 닌 리엔 씨

20. 힐튼 호텔에 묵을 겁니다. 보내 주시겠습니까?
我将住在希尔顿宾馆, 能送到那儿吗?
워 쟝 쭈 짜이 시 얼 뚠 삔 관 넝 쑹 또우 날 마

21. 언제 쯤이면 찾을 수 있을 것 같습니까?
大概什么时候能找到?
따 까이 선 머 스 허우 넝 쪼우 또우

22. 찾지 못할 경우에는 어떻게 됩니까?
找不到的话怎么办呢?
쪼우 부 또우 더 화 전 머 빤 너

23. 변상해 줍니까?
给赔偿吗?
게이 페이 창 마

수하물	수탁증(클레임택)	이름표	여행가방
行李	受托证	名签	旅行包
싱 리	서우 퉈 쩡	밍 치엔	뤼 싱 뽀우
서류가방	귀중품	짐수레	(하물의) 내용물
文件包	贵重物品	手推车	容纳物
원 찌엔 뽀우	꾸이 쭝 우 핀	서우 투이 처	룽 나 우
연락처	분실	파손	
联系地址	丢失	破损	
리엔 씨 띠 즈	띠우 스	퍼 쑨	
연착	보상금/변상금	일상 생활용품	
误点	赔偿金	日常生活用品	
우 디엔	페이 창 찐	르 창 셩 훠 융 핀	
수하물 사고 신고서			
行李事故申告单			
싱 리 쓰 꾸 선 까우 딴			

수하물을 찾을 수 없을 때 Tip

○ 입국 심사를 마치고 나서 맡긴 수하물을 찾는다. 수하물이 턴테이블에 나오지 않을 경우에는 항공사 창구에 가서 수하물 사고신고서를 작성(성명, 여권번호, 수탁 물표번호, 하물의 모양이나 내용물 등을 기입)한다.

○ 대부분 출발 공항에 남아 있거나 잘못 보내진 것이 원인이므로 며칠 후에는 항공사 측이 체재지에 배달해 주지만 만일 찾지 못할 경우에는 보상금이 지불된다.

○ 방지책으로는 수하물 인환증을 잘 보관하고, 흔한 색, 형태의 여행가방은 피하는 등의 생각을 할 수 있지만 어쨌든 그다지 많지 않은 보상액이므로 귀중품은 맡기지 않는 것이 좋을 것이다. 또한 수하물이 파손된 경우도 항공사와 협의해야 한다.

④ 세관 신고

1. 신고할 것은 있습니까?
有没有要申报的?
여우 메이 여우 요우 선 뿌우 더

2. 특별히 신고할 것은 없습니다.
没有要特别申报的。
메이 여우 요우 터 비에 선 뿌우 더

3. 없습니다.
没有。
메이 여우

4. 소지하신 돈은 얼마입니까?
带了多少钱?
따이 러 뚜오 소우 치엔

5. 가진 돈은 미화 500불과 한국돈 5만원입니다.
带了500美元和5万韩币。
따이 러 우 바이 메이 위엔 허 우 완 한 삐

6. 술이나 담배를 가지고 있습니까?
有酒或烟吗?
여우 지우 훠 얜 마

7. 과일이나 야채를 가지고 있습니까?
有水果或蔬菜吗?
여우 수이 궈 훠 수 차이 마**

세관 신고 품목

- 20,000위엔을 초과하는 인민폐 및 50g을 초과하는 금, 은 및 그 제품
- 5,000불(중국인 및 중국내 거주민은 2,000불)을 초과하는 외화(※5,000불을 초과하여 반입하는 경우 세관에 신고하지 않아도 실제로는 문제가 되지 않지만, 출국시 5,000불을 초과하여 반출하는 경우 반입시 신고사실이 반출근거가 됨)
- 여행자 면제통관한도를 초과하는 물품 및 제한된 수량에 대해 면세통관을 허용하는 의류, 신발, 모자, 공예미술품 및 기타 생활용품
- 화물, 샘플, 검역대상 동식물 및 그 제품

8. 가방을 열어 주십시오.
这请打开包。
칭 따 카이 뽀우

9. 관세를 지불해야 합니까?
要支付关税吗?
요우 즈 푸 꾸안 쑤이 마

10. 이것은 신고할 필요가 있습니까?
这个需要申报吗?
쩌 거 쉬 요우 선 빠오 마

11. 이것은 늘상 복용하는 소화제입니다.
这是日常服用的消化药。
쩌 쓰 르 창 푸 융 더 시아오 화 요우

12. 친구에게 선물로 줄 한국 민예품입니다.
这是送给朋友的韩国纪念品。
쩌 쓰 쑹 게이 펑 여우 더 한 궈 찌 니엔 핀

13. 한국에서는 만원 정도 하는 물건입니다.
在韩国值一万元左右。
짜이 한 궈 즈 이 완 위엔 줘 여우

14. 이것은 과세가 됩니다.
这个需要交税。
쩌 거 쉬 요우 지아오 쑤이

15. 다른 짐은 있습니까?
有其他的物品吗?
여우 치 타 더 우 핀 마

세관	세금	세관 신고서
海关 하이 꾸안	**税** 쑤이	**海关申报单** 하이 꾸안 선뿌우 딴
선물	향수	통화신고
礼物 리 우	**香水** 샹 수이	**货币申报** 후오 삐 선 뿌우
한국음식	개인용품	별송수하물
韩国食品 한 궈 스 핀	**个人用品** 꺼 런 융 핀	**非携带行李** 페이 시에따이 싱 리
주류	담배	반입 금지품
酒类 지우 레이	**烟** 얜	**禁止携带物品** 찐 즈 시에 따이 우 핀
신고하지 않아도 되는 품목		습관성 약품
不需要申报的品目 뿌 쉬 요우 선뿌우 더 핀 무		**常用药品** 창 융 요우 핀

항공권 재확인(Reconfirm)

항공권의 재확인 절차, 즉 해당일에 그 항공편을 이용하겠다는 의사를 늦어도 출발 3일 전까지 항공사에 알리는 것. 리컨펌이 늦어질 경우 예약 취소로 간주하여 대기자들로 자리를 채우기 때문에 자칫하면 비행기를 타지 못하는 불상사를 초래할 수 있으므로 요주의!

⑤ 환전

환전시 주의사항

1. 철저한 계획을 세워 경비가 남거나 부족하여 추가 환전을 하지 않도록 한다.
2. 동전은 재환전되지 않기 때문에 가능하면 동전을 먼저 지출하여 동전이 남지 않도록 한다.
3. 환전을 하고 나면 계산기로 환율과 받은 금액을 반드시 확인해 본다.
4. 세계환율표를 만들어 가지고 다니면 여행경비를 조금이라도 줄일 수 있으며, 물가와 비교할 수 있어 경비의 계획성 있는 지출이 가능하다.
5. 여행자수표 환전시 사인은 직원이 보는 데서 하고 다른 사람에게 양도하지 않는다.

1. 환전소는 어디입니까?
兑换处在哪儿?
뚜이 환 추 짜이 날

2. 이 시간(일요일)에도 영업하는 은행이 있습니까?
这个时间(星期天)有没有营业的银行?
쩌 거 스 지엔 (씽 치 티엔)여우 메이 여우 잉 예 더 인 항

3. 환전을 해주시겠습니까?
能给换钱吗?
닝 게이 환 지엔 마

4. 오늘의 환율은 얼마입니까?
今天的汇率是多少?
찐 티엔 더 후이 뤼 쓰 뚜오 소우

5. 이 한국 원을 인민폐로 바꿔 주시겠습니까?
可以把韩币换成人民币吗?
커 이 바 한 삐 환 청 런 민 삐 마

6. 이 100달러 지폐를 바꿔 주십시오.
请给换100美元。
칭 게이 환 이 바이 메이 위엔

7. 수수료는 얼마입니까?
手续费是多少?
서우 쒸 페이 쓰 뚜오 소우

8. 잔돈도 섞어 주십시오.
掺一点零钱。
찬 이 디엔 링 치엔

9. 전부 1원 지폐로 주십시오.
都给换成1元的纸币。
떠우 게이 환 청 이 위엔 더 즈 삐

10. 영수증을 주시겠어요?
能给发票吗?
넝 게이 파 피아오 마

11. 이 여행자수표를 현금으로 바꿔 주십시오.
请把旅行支票换成现金。
칭 바 뤼 싱 즈 피아오 환 청 시엔 찐

12. 이 지폐를 잔돈으로 바꿔 주십시오.
把这纸币换成零钱。
바 쩌 즈 삐 환 청 링 치엔

13. 계산이 틀린 것 같습니다.
好像计算错了。
호우 샹 찌 쏸 춰 러

환전	은행	환전소	영업중
兑换	银行	兑换处	发票
뚜이 환	인 항	뚜이 환 추	파 피아오
환율	지폐	동전	여행자수표
汇率	纸币	硬币	旅行支票
후이 뤼	즈 삐	잉 삐	뤼 싱 쯔 피아오
현금	수수료	계산서	
现金	手续费	帐单	
시엔 찐	서우 쒸 페이	짱 딴	

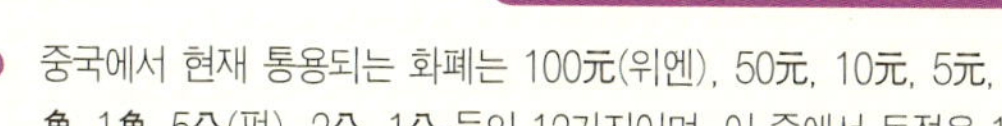

여행 도중 환전 요령 **Tip**

○ 중국에서 현재 통용되는 화폐는 100元(위엔), 50元, 10元, 5元, 1元, 5角(쟈오), 2角, 1角, 5分(펀), 2分, 1分 등의 12가지이며, 이 중에서 동전은 1元, 5角, 1角, 5分, 2分, 1分 등이다. 1元, 1角, 5角 등은 지폐와 동전이 혼용되고 있다. 참고로 중국은 외환태환권(외국인용)과 인민폐(중국 국민용)를 함께 사용하던 것을 1994년 6월 가트(Gatt) 가입 이후 단일화시켰다. 따라서 현재는 인민폐만 통용되고 있으며, 그 이전의 태환권은 사용이 금지되었다.

○ 중국에서는 심양(요령성의 성도)을 제외하고는 한국 원화를 환전하기는 어렵다. 공항의 은행이나 일반은행에서도 달러나 T/C(여행자수표)는 인민폐로 환전할 수 있다.

▶ 중국 동전과 지폐

5위엔(콰이)

20위엔(콰이)

1위엔(콰이)

10위엔(콰이)

100위엔(콰이)

5쟈오(마오)

❻ 관광 안내소

1. 관광지도(호텔 리스트)를 주십시오.
请给我旅游地图(宾馆目录)。
칭 게이 워 뤼 여우 띠 투 (삔 관 무 루)

2. 렌트카 회사의 카운터는 어디입니까?
租车柜台在哪儿?
쭈 처 꾸이 타이 짜이 날

3. 현지 안내원을 기다리고 있습니다.
我在等当地的导游。
워 짜이 덩 땅 띠 더 도우 여우

4. 여기에서 호텔 예약을 할 수 있습니까?
在这儿可以预定宾馆吗?
짜이 쩔 커 이 위 띵 삔 관 마

5. 그다지 비싸지 않은 호텔을 소개해 주시겠습니까?
能给介绍不太贵的宾馆吗?
넝 게이 찌에 소우 부 타이 꾸이 더 삔 관 마

6. 시내에 유스호스텔은 없습니까?
市内有青年宾馆吗?
스 네이 여우 칭 니엔 삔 관 마

7. 그 호텔은 어디에 있습니까?
那个宾馆在哪儿?
나 꺼 삔 관 짜이 날

8. 그 호텔은 베이징역에서 가깝습니까?
那宾馆离北京站近吗?
나 삔 관 리 베이징 짠 찐 마

9. 시내는 어떻게 갑니까?
去市内怎么走?
취 스 네이 전 머 저우

10. 유스호스텔은 어떻게 갑니까?
青年宾馆怎么走?
칭 니엔 삔 관 전 머 저우

11. 리무진 버스와 택시 중에서 어느 것을 이용하시겠습니까?
您要坐民航班车还是出租车?
닌 요우 쭈오 민 항 빤 처 하이 쓰 추 쭈 처

12. 리무진 버스를 이용하겠습니다.
我坐民航班车。
워 쭈오 민 항 빤 처

13. 유스호텔까지 택시요금은 얼마입니까?
到青年宾馆出租车费是多少?
또우 칭 니엔 삔 관 추 주 처 페이 쓰 뚜오 소우

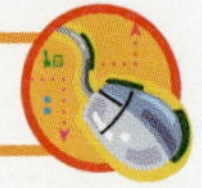

코드	한글명	영문명	국가
AA	아메리칸 항공	American Airlines	미국
AF	에어 프랑스	Air France	프랑스
AI	에어 인디아	Air India	인도
AZ	아리탈리아 항공	Alitalia	이탈리아
BA	영국 항공	British Airways	영국
CA	중국 국제항공	Air China	중국
CI	중화항공	China Airlines	대만
CO	컨티넨탈 항공	Continental Airlines	미국
CP	카나디언 항공	Canadian Airlines International	캐나다
CX	캐세이 퍼시픽 항공	Cathey Pacific Airways	홍콩
DL	델타 항공	Delta Airlines	미국
IA	이라크 항공	Iraqi Airway	이라크
IB	이베리아 항공	Iberia Airlines	스페인
IR	이란 항공	Iran Air	이란
JD	일본 에어 시스템	Japan Air Systems	일본
JL	일본 항공	Japan Airlines	일본
KE	대한항공	Korean Air	한국
KL	KLM 네덜란드 항공	KLM Royal Dutch Airlines	네덜란드
LH	루프트엔자 항공	Lufthansa German Airlines	독일
MH	말레이지아 항공	Malaysian Airlines	말레이지아
MS	이집트 항공	Egyptair	이집트
NH	전일본공수	All Nippon Airways	일본
NW	노스웨스트 항공	Northwest Airlines	미국
NZ	뉴질랜드 항공	Air New Zealand	뉴질랜드
OA	올림픽 항공	Olympic Airways	그리스
OS	오스트리아 항공	Austrian Airline	오스트리아
OZ	아시아나 항공	Asiana Airlines	한국
PR	필리핀 항공	Philippine Airlines	필리핀
QF	콴타스 항공	Qantas Airways	오스트레일리아
RG	바릭 브라질리언 항공	Varig Brazilian Airlines	브라질
SK	스칸디나비아 항공	Scandinavian Airlines System	스웨덴 · 덴마크 · 노르웨이
SQ	싱가폴 항공	Singapore Airlines	싱가폴
SR	스위스 항공	Swissair	스위스
TG	타이 국제항공	Thai Airways International	태국
UA	유나이티드 항공	United Airlines	미국
UT	UTA 프랑스 항공	UTA French Airlines	프랑스
VS	버진 아틀란틱 항공	Virgin Atlantic Airways	영국

① 예약

현지에 도착해서 최초로 숙박하는 호텔은 한국에서 예약해 두는 것이 요금면에서 더 유리하다. 현지에서 찾을 경우에는 공항 내, 주요 역 또는 시내에 있는 관광 안내소에서 소개받는 것이 좋다. 비행기 사정으로 밤 늦게 도착한 경우에는 관광 안내소가 닫혀 있으므로 바로 호텔로 가든지 전화로 방을 구하면 된다. 예약을 할 경우에는 방 종류와 요금 등을 명확히 알아둔다.

1. 오늘밤 호텔을 예약하고 싶은데요.
我想预定今晚的房间。
워 샹 위 띵 찐 완 더 팡 찌엔

2. 오늘밤부터 사흘간 트윈룸을 부탁합니다.
今天晚上开始预定四天的标准间。
찐 티엔 완 쌍 카이 스 위 띵 쓰 티엔 더 삐요 준 찌엔

3. 더블은 있습니까?
有标准间吗?
여우 삐요 준 찌엔 마

4. 숙박료는 얼마입니까?
住宿费是多少?
쭈 쑤 페이 쓰 뚜오 소우

5. 욕조(샤워)는 있습니까?
有浴缸(淋浴)吗?
여우 위 깡 (린 위)마

6. 더 싼 방은 없습니까?
有没有更便宜的房间？
여우 메이 여우 껑 피엔 이 더 팡 찌엔

7. 그 방이 좋습니다.
那房间好。
나 팡 찌엔 호우

8. 바다(산)를 볼 수 있는 방이 좋겠습니다.
我要可以看海(山)的房间。
워 요우 커 이 칸 하이 (산) 더 팡 찌엔

9. 싱글룸 요금은 1박에 얼마입니까?
单人间一晚的费用是多少？
딴 런 찌엔 이 완 더 페이 융 쓰 뚜오 소우

10. 샤워만 있는 방이 아니라 욕조가 있는 방으로 부탁합니다.
我要有浴缸的房间，不是只有淋浴的房间。
워 요우 여우 위 깡 더 팡 찌엔 부 쓰 즈 여우 린 위 더 팡 찌엔

11. 방에 냉장고가 있습니까?
房内有冰箱吗？
팡 네이 여우 삥 샹 마

12. 아침식사가 포함된 요금입니까?
这是包括早餐的费用吗？
쩌 쓰 빠오 쿼 조우 찬 더 페이 융 마

13. 아뇨, 객실료 뿐입니다.
不，只是房费。
부 즈 쓰 팡 페이

14. 서비스료는 어떻게 됩니까?

服务费怎么算?

푸 우 페이 전 머 쏸

---

15. 숙박료에 15퍼센트 가산됩니다.

住宿费里需附加15%。

쭈 쑤 페이 리 쉬 푸 쟈 빠이 펀즈 스 우

---

16. 세금은 포함되어 있습니까?

包括税金吗?

뽀우 쿼 쑤이 찐 마

---

17. 요금은 언제 지불하면 됩니까?

什么时候支付费用?

선 머 스 허우 쯔 푸 페아 융

---

18. 체크 아웃 때 부탁합니다.

请在退房的时候支付。

칭 짜이 투이 팡 더 스 허우 쯔 푸

객실의 종류

호텔 상식

중국은 종업원을 복무원(服务员)이라 부른다. 〔服务员, 푸우위엔〕
한국은 호텔등급을 무궁화로 표기하지만, 중국은 별로 표기한다. 따라서 보통 5성급 호텔, 4성급 호텔이라고 말한다.
〔표준방〕은 일반실을 말한다. 보통 기본적인 표준방은 트윈룸〔双人间, 슈앙런찌엔〕이며, 싱글룸은 〔单人间, 딴런찌엔〕이라고 말한다.

보통 호텔의 체크인은 오후 2시 이후로 되어 있는데 도착이 오후 6시 이후가 될 경우에는 사전에 연락해 두지 않으면 예약이 취소되는 경우도 있다. 체크인을 할 경우에는 여권과 예약확인서를 제출하고 숙박카드에 필요사항을 기입한다. 방의 종류, 요금, 체재일수를 확인하면 된다. 준비된 방이 마음에 들지 않을 때에는 자신의 요구사항을 말해서 바꾸어 달라고 한다.

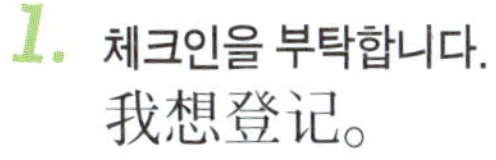

1. 체크인을 부탁합니다.
我想登记。
워 샹 떵 찌

2. 예약했습니까?
预定了吗?
위 띵 러 마

3. 예약을 했습니다. 이것이 예약 확인서입니다.
预定了。这是预定单。
위 띵 러 쩌 쓰 위 띵 따

4. 여행사를 통해서 예약했습니다.
我是通过旅行社预定的。
워 쓰 통 꿔 뤼 싱 쎠 위 띵 더

5. 한국 서울에서 온 김입니다.
我是从韩国首尔来的，我姓金。
워 쓰 충 한 궈 소우 얼 라이 더 워 씽 찐

6. 오늘부터 사흘 예약한 김입니다.
我姓金，从今天起预定了四天。
워 씽 찐 충 찐 티엔 치 위 띵 러 쓰 티엔

7. 체크인은 몇 시부터입니까?
几点开始登记？
지 디엔 카이 스 떵 찌

8. 체크인까지 가방을 맡아 주시겠습니까?
登记之前能给保管一下包吗？
떵 찌 즈 치엔 넝 게이 보우 관 이 샤 뽀우 마

9. 도착이 늦어지는데 예약은 취소하지 않겠습니다.
我可能晚点到，但不想取消预定。
워 커 넝 완 디엔 또우 딴 부 샹 취 시아오 위 띵

10. 비행기 사정으로 도착이 늦겠습니다.
因飞机缘故所以可能晚点到。
인 페이 찌 위엔 꾸 숴 이 커 넝 완 디엔 또우

11. 체크인은 언제 하시겠어요?
什么时候登记？
선 머 스 허우 떵 찌

12. 오후 10시경에는 거기에 도착할 수 있을 것 같습니다.
我想晚上10点钟能到那儿。
워 샹 완 쌍 스 디엔 쭝 넝 또우 날

13. 이 숙박카드에 기입해 주시겠습니까?
记到住宿卡上行吗？
찌 또우 쭈 쑤 카 쌍 싱 마

14. 예약이 되어 있지 않은데요.
没有您的预定。
메이 여우 닌 더 위 띵

15. 내 실수가 아닙니다. 어떻게든 조치해 주실 수 없겠어요?
不是我的错。无论怎样能给处理一下吗?
부 쓰 워 더 춰 우 룬 전 양 넝 게이 추 리 이 샤 마

16. 다른 호텔을 소개해 주시겠습니까?
能给介绍别的宾馆吗?
넝 게이 찌에 소우 비에 더 삔 관 마

17. 확인을 위해 신용카드를 보여 주십시오.
为了确认,请看一下您的信用卡。
웨이 러 춰에 런 칭 칸 이 샤 닌 더 씬 융 카

18. 예약 확인서를 가지고 있습니까?
有预定单吗?
여우 위 띵 딴 마

19. 한국어 할 줄 아는 분은 없습니까?
有没有懂韩国语的人?
어우 메이 여우 둥 한 궈 위 너 런

③ 호텔 서비스

욕실을 이용할 때는 밖으로 물이 튀지 않도록 커튼을 치며 수건은 용도에 따라 사용한다. 작은 타올은 몸을 씻는 데 사용하고, 중간 타올은 얼굴, 큰 타올은 몸, 두꺼운 타올은 발을 닦는 데 사용한다. 복도에서는 큰 소리로 떠들지 않으며 객실 내의 물건은 허가없이 가지고 나와서는 안 된다. 여행자 수표나 여권 등의 귀중품은 프론트에서 대여금고(Safety Box)를 빌려서 맡겨 둔다.

1. 이 가방들을 방까지 날라 주시겠습니까?
能把这些包送到房间吗?
넝 바 쩌 시에 뽀우 쑹 또우 팡 찌엔 마

2. 오후 1시에 택시를 불러 주시겠습니까?
下午1点能给叫一下出租车吗?
샤 우 이 디엔 넝 게이 찌아오 이 샤 추 쭈 처 마

3. 호텔 내의 서비스에 관해 알려 주시겠습니까?
能告诉我有关宾馆的服务吗?
넝 까오 수 워 여우 관 뻰 관 더 푸 우 마

4. 외출하겠습니다. 열쇠를 맡아 주십시오.
我要外出，请给保管一下钥匙。
워 요우 와이 추 칭 게이 보우 관 이 샤 요우 스

5. 돌아오는 시간은 몇 시경입니까?
几点回来?
지 디엔 후이 라이

6. 6시까지 돌아오겠습니다.
6点之前回来。
리우 디엔 즈 치엔 후이 라이

7. 903호실 열쇠를 부탁합니다.
请给903房间的钥匙。
칭 게이 지우 링 싼 팡 찌엔 더 요우 스

8. 무료로 주는 얼음은 있습니까?
有免费的冰块吗?
여우 미엔 페이 더 삥 콰이 마

9. 각 층마다 엘리베이터 옆에 아이스 박스가 있습니다.
每层电梯旁边都有冰箱。
메이 청 띠엔 티 팡 비엔 떠우 여우 삥 샹

세탁 서비스

1. 세탁 서비스는 있습니까?
有没有洗衣服务?
어우 메이 여우 시 이 쭈 우

2. 와이셔츠를 세탁해 주시겠습니까?
给洗一下衬衫好吗?
게이 시 이 샤 천 산 호우 마

3. 와이셔츠를 세탁하는 데는 시간이 얼마나 걸립니까?
洗衬衫需要多长时间?
시 천 산 쉬 여우 뚜오 창 스 지엔

4. 곧 됩니까?
能马上弄好吗?
넝 마 쌍 눙 호우 마

5. 2~3일 걸립니다.
需2~3天。
쉬 량 싼 티엔

6. 3일 전에 맡긴 세탁물을 아직 받지 못했습니다.
3天前让您的洗的衣服我还没收到呢。
싼 티엔 치엔 랑 닌 시 더 이 푸우 워 하이 메이 서우 또우 너

청소	드라이클리닝	세탁
打扫	**干洗**	**洗**
다 소우	깐 시	시
다리미	얼룩 제거	마침
熨斗	**除去污斑**	**完成**
윈 더우	추 취 우 빤	완 청

대여금고

1. 귀중품을 맡기고 싶습니다.
我想把贵重物品放在这儿保管一下。
워 샹 바 꾸이 쭝 우 핀 팡 짜이 쩔 보우 관 이 샤

2. 귀중품은 어떻게 하면 좋습니까?
贵重物品怎么办好呢?
꾸이 쭝 우 핀 전 머 빤 호우 너

3. 각 방에 안전금고가 있습니다만, 저희가 맡아줄 수도 있습니다.
各房间里都有保险箱，但是我们也可以给您保管。
꺼 팡 찌엔 리 또우 여우 보우 시엔 샹 딴 쓰 워 먼 예 커 이 게이 닌 보우 관

4. 맡겨둔 귀중품을 찾고 싶습니다.
我想取回托您保管的贵重品。
워 샹 취 후이 퉈 닌 보우 관 더 꾸이 쭝 핀

룸 서비스

1. 아침 6시에 모닝콜을 부탁합니다.
请早上6点叫醒我。
칭 조우 쌍 리우 디엔 찌아오 싱 눠

2. 룸 서비스를 받을 수 있습니까?
可以叫客房服务吗?
커 이 찌아오 커 팡 푸 우 마

3. 방 청소를 부탁합니다.
请给打扫房间。
칭 게이 다 소우 팡 찌엔

4. 룸 서비스 부탁합니다. 샌드위치와 커피 2인분 부탁합니다.
我要客房服务，请拿2人的三明治和咖啡。
워 요우 커 팡 푸 우 칭 나 량 런 더 싼 밍 즈 허 카 페이

---

5. 모포를 1장 더 주십시오.
请再给一张毛毯。
칭 짜이 게이 이 짱 모우 탄

---

6. 보이 한 명을 방으로 보내주시겠습니까?
能叫一名男青年到我房间来吗？
넝 찌아오 이 밍 난 칭 니엔 또우 워 팡 찌엔 라이 마

1. 연극표를 사 줄 수 있습니까?
能给买戏剧票吗？
넝 게이 마이 시 쮜 피아오 마

---

2. 지금 어떤 공연을 하고 있는지 가르쳐 주시겠습니까?
能告诉现在表演的是什么吗？
넝 꼬우 쑤 시엔 짜이 비아오 얜 더 쓰 선 머 마

---

3. 북경 경극단의 표를 사 주시겠습니까?
能给买北京京剧团的票吗？
넝 게이 마이 베이징 찡쮜 퇀 더 피아오 마

---

4. 좌석의 종류는 알아서 골라 주시겠습니까?
座位您看着给选，好吗？
쭈오 웨이 닌 칸 저 게이 쉬엔 호우 마

5. 값은 어느 정도입니까?

大概什么价位?

따 까이 선 머 쟈 웨이

6. 오늘 저녁식사 예약을 해 주시겠습니까?

能给预定今天的晚餐吗?

넝 게이 위 띵 찐 티엔 더 완 찬 마

7. 시간과 인원을 가르쳐 주시겠습니까?

请告诉时间和人数，好吗?

칭 꼬우 쑤 스 지엔 허 런 쑤 호우 마

8. 7시에 3인석을 부탁합니다.

7点3个人。

치 디엔 싼 꺼 런

극장	연극	공연	예매권
剧场	戏剧	表演	预售票
쮜 창	시 쮜	비아오 앤	위 서우 피아오
자유석	지정석	시작	개장
自由席	指定席	开始	开场
쯔 여우 시	즈 띵 시	카이 스	카이 창

1. 내선전화 거는 법을 가르쳐 주십시오.
请告诉我怎样打内线。
칭 꼬우 쑤 워 전 양 다 네이 시엔

2. 이 편지를 항공편으로 부쳐 주시겠습니까?
这封信能寄航空件吗?
쩌 펑 씬 넝 찌 항 쿵 찌엔 마

3. 이 엽서는 항공우편으로 한국까지 시간이 얼마나 걸립니까?
这明信片寄航空件的话，到韩国需要多长时间?
쩌 밍 씬 피엔 찌 항 쿵 찌엔 더 화 따우 한 궈 쉬 요우 뚜오 창 스 지엔

4. 우편요금은 얼마입니까?
邮费是多少?
여우 페이 쓰 뚜오 소우

5. 저에게 온 메시지는 없습니까?
有没有我的留言?
여우 메이 여우 워 더 리우 얜

6. 메시지는 없습니다만, 편지가 1통 있습니다.
没有留言，但是有一封信。
메이 여우 리우 얜 딴 쓰 여우 이 펑 씬

4 호텔에서의 문제

호텔에서 어떤 문제가 생겼을 때는 당황하지 말고 즉시 프론트에 연락한다. 전화로는 의사가 잘 전달되지 않고 또 방을 떠날 수 없는 피치 못할 상황일 경우에는 누군가를 보내 달라고 요청한다. 문제가 일어나면 보통은 당황하게 되지만 잊지 말고 프론트에 전화해서 최소한의 메시지라도 확실하게 전하는 것이 좋다.

1. 미안하지만, 열쇠를 방에 두고 왔습니다.
对不起，我把钥匙落在房间里了。
뚜이 뿌 치 워 바 요우 스 라 짜이 팡 찌엔 리 러

2. 카드키의 사용법을 모르겠습니다.
我不知道怎样使用钥匙卡。
워 뿌 즈 또우 전 양 스 융 요우 스 카

3. 열쇠를 잃어버렸습니다.
我把钥匙弄丢了。
워 바 요우 스 눙 띠우 러

4. 자물쇠가 망가진 것 같은데요. 잠기지 않아요.
门锁不上，好像坏了。
먼 슈오 부 쌍 호우 샹 화이 러

5. 시트가 더러운데요.
床单不干净。
촹 딴 뿌 깐 찡

6. 타올을 새 것으로 바꿔 주시겠습니까?
毛巾能换新的吗?
모우 진 넝 환 씬 더 마

7. 더운 물이 나오지 않습니다.
不出热水。
뿌 추 러 수이

8. 방이 너무 춥습니다(덥습니다).
房间太冷(热)了。
팡 찌엔 타이 렁 (러) 러

9. 침대 등이 켜지지 않습니다.
床灯不亮。
촹 떵 부 량

10. 욕실에 샴푸가 없습니다.
浴室里没有洗发精。
위 쓰 리 메이 여우 시 파 징

11. 화장실이 고장인 것 같습니다. 어떻게 좀 해 주십시오.
卫生间好像出故障了，请给解决一下吧。
웨이 성 찌엔 호우 샹 추 꾸 짱 러 칭 게이 지에 쥐에 이 샤 바

12. 이 방은 너무 시끄러워서 못 자겠어요.
这房间太吵了，睡不着觉。
쩌 팡 찌엔 타이 초우 러 쑤이 뿌 조우 찌아오

13. 방을 바꾸고 싶습니다.
我想换房。
워 샹 환 팡

14. TV(라디오)가 고장입니다.
电视(收音机)出故障了。
띠엔 쓰 (서우 인 찌)추 꾸 짱 러

15. 점검할 수 있는 사람을 불러 주십시오.
请叫人给检查一下。
칭 찌아오 런 게이 지엔 차 이 샤

16. 에어컨이 전혀 작동되지 않습니다.
空调不启动。
쿵 티아오 뿌 치 뚱

17. 실내 스위치를 설명해 주시겠습니까?
能给说明一下室内开关吗?
넝 게이 슈오 밍 이 샤 쓰 네이 카이 꾸안 마

18. 욕조에서 물이 넘쳤습니다.
水从浴池里溢出来了。
수이 충 위 츠 리 이 추 라이 러

실용단어

비누	샴푸	린스	냉방
肥皂	洗发精	护发水	冷气
페이 쪼우	시 파 징	후 파 수이	렁 치
난방	더운	추운	시원한
热气	热	冷	凉快
러 치	러	렁	량 콰이
냉장고	성냥	드라이어	베개
冰箱	火柴	吹风机	枕头
삥 샹	후오 차이	추이 펑 찌	전 터우
알람시계	모포	시트	편지지
闹钟	毛毯	床单	信纸
노우 쭝	모우 탄	촹 딴	씬 즈

호텔은 투숙객이 쾌적하게 보낼 수 있도록 여러 가지 서비스를 준비해 두고 있다. 서비스를 능숙히 사용해서 호텔 생활을 즐겁게 보내면서 여유있는 여행을 하도록 하자. 호텔의 이용과 서비스에 관한 안내는 방에 비치되어 있는 호텔가이드에 나와 있다. 예약, 불편 또는 안내 등 모르는 것이 있으면 프론트와 상의해서 조언을 받는 것이 좋다.

1. 호텔에는 어떤 시설이 있습니까?
宾馆有什么设施?
삔 관 여우 선 머 쎄 스

2. 호텔 내에 기념품점이 있습니까?
宾馆内有纪念品店吗?
삔 관 네이 여우 찌 니엔 핀 띠엔 마

3. 어떤 것을 팔고 있습니까?
都卖些什么?
떠우 마이 시에 선 머

4. 숙박자는 수영장을 무료로 이용할 수 있습니까?
住宿的人可以免费使用游泳池吗?
쭈 쑤 더 런 커 이 미엔 페이 스 융 여우 융 츠 마

5. 수영장 이용 방법을 가르쳐 주십시오.
请告诉我怎样使用游泳池。
칭 꼬우 쑤 워 전 양 스 융 여우 융 츠

6. 샤워실은 있습니까?
有淋浴室吗?
여우 린 위 쓰 마

7. 테니스 코트는 무료로 이용할 수 있습니까?
可以免费使用网球场吗?
커 이 미엔 페이 스 융 왕 치우 창 마

8. 사우나는 있습니까?
有桑拿浴吗?
여우 쌍 나 위 마

미용실

1. 호텔 내에 미용실은 있습니까?
宾馆内有美容室吗?
삔 관 네이 여우 메이 룽 쓰 마

2. 미용실을 예약하고 싶습니다.
我想预定美容。
워 샹 위 띵 메이 룽

3. 미용실은 예약해야 합니까?
美容室需要预定吗?
메이 룽 쓰 쉬 요우 위 띵 마

4. 예약할 필요 없습니다.
不需要预定。
부 쉬 요우 위 띵

5. 오후 3시 30분에 예약하고 싶습니다.
我想预定下午3点30分。
워 샹 위 띵 샤 우 싼 디엔 싼 스 펀

6. 커트해 주십시오.
请给我剪发。
칭 게이 워 지엔 파

7. 얼마나 자를까요?
剪多短?
지엔 뚜오 두안

8. 약간만 다듬어 주십시오.
稍微剪点儿。
소우 웨이 지엔 디엔얼

9. 유행하는 스타일로 해 주십시오.
请给我做现在流行的发型。
칭 게이 워 쭤 시엔 짜이 리우 싱 더 파 싱

10. 헤어 카달로그 같은 걸 좀 보여 주시겠습니까?
能看一下发型介绍之类的书吗?
넝 칸 이 샤 파 싱 찌에 소우 즈 레이 더 쑤 마

11. 퍼머해 주십시오.
请给我烫发。
칭 게이 워 탕 파

1층	2층	아케이드	식당
1楼	**2楼**	**商品街**	**食堂**
이 러우	얼 러우	쌍 핀 지에	스 탕
중간층	입장 금지	최상층	미용실
中层	**禁止入场**	**顶楼**	**美容室**
쭝 청	찐 즈 루 창	딩 러우	메이 룽 쓰
연회장	지하	샤워실	사용료
宴会厅	**地下**	**淋浴室**	**使用费**
얜 후이 팅	띠 샤	린 위 쓰	스 융 페이
수영장	테니스 코트	자동판매기	라운지
游泳池	**球场**	**自动销售机**	**酒店**
여우 융 츠	치우 창	쯔 뚱 시아오 서우 찌	지우 띠엔
무료	숙박자	고장	비상계단
免费	**客人**	**故障**	**紧急阶梯**
미엔 페이	커 런	꾸 짱	진 지 지에 티
비상구	엘리베이터		
紧急出口	**电梯**		
진 지 추 커우	띠엔 티		

○ 중국에서는 호텔에서 포터에게는 짐 한 개당 1-2위엔, 호텔 서비스요원에게 가끔 10위엔, 호텔에서 짐 1회 운반 3-5위엔, 룸메이드에게는 하루에 침대당 10위엔 정도가 적당하다.

호텔 서비스

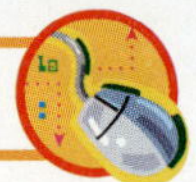

- **귀중품 관리**
cashier에게 금고(Safety Box)를 빌려서 보관한다.

- **룸 서비스 (Room Service)**
방에서 식사를 하거나 음료를 주문할 수 있다. 객실 책상에 비치되어 있는 메뉴를 보고 전화로 주문한다. 가지고 온 보이에게는 팁을 준다.

- **모닝 콜 (Morning Call)**
교환에게 시간과 방 번호를 알려준다.

- **세탁 서비스 (Laundry Service)**
방에 비치되어 있는 「LAUNDRY」라고 썌어진 자루에 세탁물을 넣고 신청용지에 필요사항을 기입해 두면 룸메이드가 가지고 간다.전화로 룸메이드에게 세탁물을 맡길 수도 있다.

- **안내 (Information)**
메시지나 편지를 맡아 주고 식당을 예약할 수도 있다. 리조트 호텔에는 스포츠 전문 데스크 (Activity Desk)가 있다. 그외 소포 포장 상자의 준비 또는 발송, 우편물의 발송, 전보 등의 접수를 받는다. 필요에 따라 팁을 줄 것.

- **방을 청소하고 싶을 때**
「Make up my room, please」라는 문구를 적어 문 밖에 걸어 둔다.

- **베이비 시터 (Baby Seater)**
아이들을 맡길 수 있다.

❻ 체재기간 변경과 체크아웃

체크아웃은 12시까지로 되어 있는 경우가 많다. 출발객들로 프론트가 붐비는 오전중에는 다소 기다리는 것을 각오하는 것이 좋다.

아침 일찍 출발하는 경우에는 전날 밤에 정산을 마쳐 둔다. 영수증의 명세는 확실히 검토해서 틀림 없는지 확인한 다음 지불한다. 체크아웃 후 출발까지 시간이 있을 경우에는 프론트에 짐을 맡겨둔다.

1. 체재를 이틀 연장하고 싶습니다.
我想再住两晚。
워 샹 짜이 쭈 량 완

2. 체크아웃을 부탁합니다.
我想办退房手续。
워 샹 빤 투이 팡 서우 쒸

3. 내일 아침 7시에 가방을 가지러 와 주십시오.
请明天早上7点来取包。
칭 밍 티엔 조우 쌍 치 디엔 라이 취 뽀우

4. 지불은 카드입니까, 현금입니까?
是用卡付还是现金?
쓰 융 카 푸 하이 쓰 융 시엔 찐

5. 지불은 신용카드로 할 수 있습니까?
可以用信用卡付吗?
커 이 융 씬 융 카 푸 마

6. 명세서를 볼 수 있습니까?

可以看一下帐单吗?

커 이 칸 이 샤 �짱 딴 마

---

7. 영수증을 주십시오.

请给我发票。

칭 게이 워 파 피아오

---

8. (명세를 확인하며) 이것은 무슨 요금입니까?

这是什么费用?

쩌 쓰 선 머 페이 융

---

9. 명세가 틀린 것 같습니다. 다시 검토해 주시겠습니까?

帐单好像出错了, 可以查一下吗?

쨩 딴 호우 샹 추 춰 러 커이 차 이 샤 마

---

10. 나는 전화를 쓰지 않았습니다.

我没有用电话。

워 메이 여우 융 띠엔 화

---

11. 가방을 택시까지 운반해 주시겠습니까?

把我的包拿到出租车上, 好吗?

바 워 더 뽀우 나 또우 추 쭈 처 쌍 호우 마

---

12. 이 가방을 2시간 정도 더 맡아 주시겠습니까?

把包再给保管2个小时, 行吗?

바 뽀우 짜이 게이 보우 관 량 꺼 시아오 스 싱 마

---

13. 맡겨둔 귀중품을 주십시오.

请给我托您保管的贵重品。

칭 게이 워 퉈 닌 보우 관 더 꾸이 쭝 핀

14. 12시 비행기에 타려면 몇 시에 출발하면 됩니까?

要乘12点飞机的话，需要几点出发？

요우 청 스 얼 디엔 페이 찌 더 화 쉬 요우 지 디엔 추 파

15. 공항까지 리무진 버스를 이용할 수 있습니까?

有没有到机场的民航班车？

여우 메이 여우 또우 찌 창 더 민 항 빤 처

16. 공항행 리무진 버스는 몇 분 간격으로 운행합니까?

去机场的民航班车每隔几分钟发一次？

취 찌 창 더 민 항 빤 처 메이 거 지 펀 쭝 파 이 츠

17. 30분마다 운행합니다.

30分钟一次。

싼 스 펀 쭝 이 츠

18. 다음 리무진 버스는 언제 떠납니까?

下一班民航班车什么时候出发？

샤 이 빤 민 항 빤 처 선 머 스 허우 추 파

19. 덕분에 잘 쉬었습니다.

托您的福，我休息得很好。

퉈 닌 더 푸 워 시우 시 더 헌 호우

정산하다	회계	서비스료	실내 냉장고
结帐	会计	服务费	室内冰箱
지에 짱	콰이 찌	푸 우 페이	쓰 네이 삥 샹
외선전화	세금	안전금고	영수증
外线电话	税金	保险箱	发票
와이 시엔 띠엔 화	쑤이 찐	보우 시엔샹	파 피아오

중국의 숙박시설

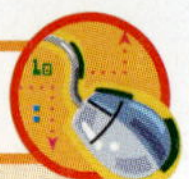

중국 호텔

호텔 체크인

- 일반적으로 14:00 이후에는 체크인이 가능하다. 체크인할 때는 여권을 보여주고 체크인 카드에 필요한 것을 기재한 후 제시한다.
- 낮은 등급일 경우 각 층마다 안내원이 있어 문을 열어 주므로 특별한 열쇠가 없다.
- 간혹 '야진(押金)'이라 하여 보증금을 받기도 한다(체크아웃시 환불해준다).
- 호텔 안에서 커피와 서비스를 받고 체크아웃할 때 정산하기도 하는데, 보증금을 요구하는 경우도 간혹 있다.

체크아웃

- 기본적으로 12:00이다. 프론트에서 체크아웃하겠다는 의사 표시를 하면 1차적으로 방을 체크한 후에 지불하면 된다.

호텔 예약

- 한국에서 호텔 예약하는 방법
  한국 여행사를 통하여 예약한다. 항공권을 구매하는 곳에서 보통 예약을 대행하여 주기도 하며, 보통 3성급 이상이어야만 가능하다.

- 현지 여행사를 통하여 예약
  현지에서 여행사를 통하여 예약할 경우도 수수료를 받기 때문에 그리 큰 차이는 없다.

교통수단

① 거리에서 길을 물을 때

1. 이 도시의 지도는 어디서 살 수 있습니까?
这城市地图在哪儿买？
쩌 청 스 띠 투 짜이 날 마이

2. 은행으로 가는 길을 가르쳐 주십시오.
请告诉我怎么去银行。
칭 꼬우 쑤 워 전 머 취 인 항

3. 공항에는 어떻게 갑니까?
去机场怎么走？
취 찌 창 전 머 저우

4. 이 근처에 지하철역이 있습니까?
这附近有地铁站吗？
쩌 푸 진 여우 띠 티에 짠 마

5. 가장 가까운 역은 어디입니까?
最近的站在哪儿？
쭈이 찐 더 짠 짜이 날

6. 지하철 역을 찾고 있습니다.
我在找地铁站。
워 짜이 조우 띠 티에 짠

7. 버스 정류장까지 데려다 주십시오.
请送我到汽车站。
칭 쑹 워 또우 치 처 짠

8. 이 지도에서 현재 위치를 가르쳐 주십시오.
告诉我地图上现在的位置。
꼬우 쑤 워 띠 투 쌍 시엔 짜이 더 웨이 즈

9. 이 길이 백화점으로 가는 길입니까?
这是去百货商店的路吗?
쩌 쓰 취 바이 훠 싸앙 띠엔 더 루 마

10. 이 거리의 이름은 무엇입니까?
这条街叫什么?
쩌 티아오 지에 찌아오 선 머

11. 우체국까지 약도를 그려 주십시오.
请给画个到邮局的略图。
칭 게이 화 꺼 따우 여우 쥐 더 뤼에 투

12. 우체국까지 여기에서 걸어갈 수 있습니까?
在这儿可以走着去邮局吗?
짜이 쩔 커 이 저우 저 취 여우 쥐 마

13. 공항은 여기에서 가깝습니까?
机场离这儿近吗?
찌 창 리 쩔 찐 마

14. 어떻게 그 곳인지 알죠?
怎么知道是那个地方?
전 머 즈 따우 쓰 나 꺼 띠 팡

15. 걸어서 몇 분 정도입니까?
走着需多少分钟?
저우 저 쉬 뚸오 소우 펀 중

16. 얼마 걸리지 않습니다.

不需太长时间。

---

17. 장성 호텔로 가는 가장 좋은 방법은 무엇입니까?

去长城宾馆的最好方法是什么呢?

---

18. 전차(지하철, 열차)를 이용하는 게 좋습니다.

最好是坐电车(地铁，列车)去。

실용단어

길	거리(도로)	대로	위치(장소)
路 루	街道 지에 또우	大道 따 또우	位置 웨이 즈
신호등	교차로	모퉁이	블럭
信号灯 씬 호우 떵	交叉路 찌아오 차 루	角落 지아오 뤄	街区 지에 취
똑바로	돌다	오른쪽	왼쪽
正确地 쩡 취에 더	转 주안	右边 여우 비엔	左边 쭤 비엔
맞은 편	가다	돌아 가다	~을 따라
对面 뚸이 미엔	走 저우	回去 후이 취	沿着 앤 저
가까이	멀리	옆	표시
近 찐	远 위엔	旁 팡	标记 비아오 찌

② 택시

택시를 탈 때는 잔돈을 미리 준비하는 것이 좋다. 택시는 5원,10원, 20원, 50원짜리로 준비하면 편리하다.

베이징 택시 대부분은 보조석 전면에 '중간하차시 보증금을 주십시오(中途下车，需保证金)' 와 '도로비(톨게이트비)는 손님이 내십니다(乘客需付路费).' 라는 문구가 쓰여있다. 도로비를 제외하고는 요금을 흥정하는 것이 유리하다. 요금을 많이 청구한다면 영수증을 반드시 받아서 교통 공안국에 신고해야 한다.

1. 택시를 불러 주십시오.
请叫出租车。
칭 찌아오 추 쭈 처

2. 택시 타는 곳은 어디입니까?
在哪儿坐出租车。
짜이 날 쭈오 추 쭈 처

3. 역까지 요금이 얼마인지 가르쳐 주십시오.
请告诉我到车站的费用是多少？
칭 꼬우 쑤 워 따우 처 짠 더 페이 용 쓰 뚜오 소우

4. 어디로 가십니까?
您去哪儿？
닌 취 날

5. (지도나 주소를 보이며) 이 곳으로 가 주십시오.
去这儿吧。
취 쩔 바

6. 장성 호텔까지 부탁합니다.
请带我到长城宾馆。
칭 따이 워 또우 창 청 삔 관

7. 어디서 내립니까?
您在哪儿下车?
닌 짜이 날 샤 처

8. 교차로 앞에서 세워 주십시오.
请在交叉路口前面停车。
칭 짜이 찌아오 차 루 코우 치엔 미엔 팅 처

9. 여기서 세워 주십시오. 내리겠습니다.
请在这儿停一下，我要下车。
칭 짜이 쩔 팅 이 샤 워 요우 샤 처

10. 실례지만 서둘러 주세요.
对不起，请快点。
뚜이 뿌 치 칭 콰이 디엔

11. 공항까지 몇 분 걸립니까?
到机场需要花多长时间?
또우 찌 창 쉬 요우 화 뚜오 창 스 지엔

12. 6시까지 공항에 도착하고 싶습니다.
我要在6点之前到达机场。
워 요우 짜이 리우 디엔 즈 치엔 또우 다 찌 창

13. 여기에서 잠시 기다려 주십시오.
请在这儿稍等一下。
칭 짜이 쩔 소우 덩 이 샤

14. 관광하고 올 때까지 여기서 기다려 주시겠습니까?
旅游回来为止，您能在这儿等吗?
뤼 여우 후이 라이 웨이 즈 닌 넝 짜이 쩔 덩 마

15. 트렁크를 열어 주시겠습니까?
请打开行李箱，好吗?
칭 다 카이 싱 리 샹 호우 마

16. 이 짐을 트렁크에 실어 주시겠습니까?
把这包抬到行李箱，好吗?
바 쩌 뽀우 타이 또우 싱 리 샹 호우 마

17. 얼마입니까?
多少钱?
뚜오 소우 치엔

18. 거스름돈은 가지세요.
零钱不用找了。
링 치엔 부 융 자오 러

19. 영수증을 주십시오.
请给我发票。
칭 게이 워 파 피아오

20. 요금이 미터기와 다른데요.
费用跟计量器不一样。
페이 융 껀 찌 량 치 뿌 이 양

실용단어			
트렁크	요금·운임	거스름돈	~의 앞에
行李箱	费用	找回的钱	~之前
싱 리 샹	페이 융	조우 후이 더 치엔	즈 치엔

3 버스

일반적으로 안내양이 버스표를 판다. 시내요금은 1위엔~2위엔이고, 중국인들은 보통 월표나 교통카드를 이용한다. 정거장에 각 버스의 노선도가 나와 있으며 중요한 landmark는 다 표시되어 있다. 일반버스와 전차(无轨电车), 소형버스(小公共汽车)가 있다. 여러 개의 노선이 북경시내 구석구석을 운행하며 노선안내도는 호텔이나 역, 터미널의 매점에서 구할 수 있다. 정류장에 정차 버스의 번호가 적혀 있으므로 확인한다. 승차 후 안내양에게 행선지를 말하고 요금을 지불하면 차표를 주며, 요금은 거리마다 다르다.

1. 이 버스는 국제호텔에 갑니까?
这汽车到国际宾馆吗?
쩌 치 처 또우 궈 지 삔 관 마

2. 금문교에 가려고 합니다.
我想去金门桥。
워 샹 취 찐 먼 치아오

3. (행선지 메모를 보이며) 이 곳에 가려고 하는데요.
我要去这个地方。
워 요우 취 쩌 꺼 띠 팡

4. 장성행 버스 정류장은 어디입니까?
去长城的汽车站在哪儿?
취 창 청 더 치 처 짠 짜이 날

5. 동물원은 몇 번째 정류장입니까?
动物园是第几站?
뚱 우 위엔 쓰 띠 지 짠

6. 베이징행 버스는 몇시에 떠납니까?
到北京的汽车几点出发？
또우 베이징더 치 처 지 디엔 추 파

7. 다음 정류장에서 내리겠습니다.
我在下一站下车。
워 짜이 샤 이 짠 샤 처

8. 경기장에 도착하면 알려 주십시오.
到了体育场，请告诉我。
또우 러 티 위 창 칭 꼬우 쑤 워

9. 요금은 버스에서 지불합니까?
费用在汽车上付吗？
페이 융 짜이 치 처 쌍 푸 마

10. 다음 정류장은 어디입니까?
下一站是哪儿？
샤 이 짠 쓰 날

11. 여기에 동전을 넣으면 됩니까?
往这儿投币就行吗？
왕 쩔 터우 삐 찌우 싱 마

12. 공항에서 탔는데, 얼마입니까?
我在机场上的车，多少钱？
워 짜이 지 창 쌍 더 처 뚜오 소우 치엔

13. 이화원까지 얼마나 걸립니까?
到颐和园要花多长时间？
또우 이 허 위 엔 요우 화 뚜오 창 스 지엔

14. 버스는 몇 분마다 떠납니까?
汽车每隔几分钟出发一次?
치 처 메이 거 지 펀 쭝 추 파 이 츠

15. 15분마다 떠납니다.
每隔15分钟发一次车。
메이 거 스 우 펀 쭝 파 이 츠 처

16. 돈은 탈 때 냅니까?
上车的时候付钱吗?
쌍 처 더 스 허우 푸 치엔 마

17. 갈아탈 필요가 있습니까?
得换车吗?
데이 환 처 마

18. 버스는 언제 출발합니까?
汽车几点出发?
치 처 지 디엔 추 파

19. 3시 45분에 떠납니다.
3点45分出发。
싼 디엔 쓰 스 우 펀 추 파

20. 쇼핑센터까지 요금이 얼마입니까?
到购物中心多少钱?
따오 꺼우 우 쭝 씬 뚜오 소우 치엔

21. 버스표는 어디에서 삽니까?
汽车票在哪儿买?
치 처 피아오 짜이 날 마이

22. 저곳의 카운터에서 살 수 있습니다.

那边柜台可以买。

23. 갈아타는 표를 한 장 주시겠습니까?

给我一张中转票，好吗？

24. 북해공원에 가려면 무슨 정류장에서 내리면 됩니까?

去北海公园的话，我应在哪一站下车？

실용단어

시내버스	관광버스	노선도	타다
市内汽车	旅游汽车	路线图	乘
스 네이 치 처	뤼 여우 치 처	루 시엔 투	청
내리다	정차	발차	갈아타다
下车	停车	发车	换乘
샤 처	팅 처	파 처	환 청
~행	유효기간	직행버스	장거리버스
去~	有效期	直达汽车	长途汽车
취	여우 시아오 치	즈 다 치 처	창 투 치 처
회수권	갈아타는 표	2층 버스	시각표
回数票	中转票	2曾汽车	时刻表
후이 쑤 피아오	쭝 주안 피아오	량 청 치 처	스 커 비아오
정원	요금	환전	차내방송
定员	费用	换钱	车内广播
띵 위엔	페이 융	환 치엔	처 네이 꽝 버

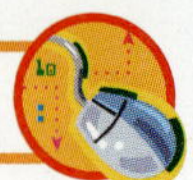

중국의 버스는 운행거리와 그 목적에 따라 다양한 형태로 운행되고 있다. 그 종류로는 시내버스, 미니버스, 장거리버스, 여유버스 등으로 다양하다.

1. 시내버스

일반적으로 公共汽車(공공기차)라고 불리는 시내버스가 가장 많이 이용되고 있다. 요금은 노선과 종류에 따라 보통 1~2위엔으로 이용할 수 있으며, 요금이 저렴한 대신 이용률도 높아 대도시에서는 초만원의 인원으로 운행되는 경우가 많다. 시내 구석구석을 다니는 만큼 노선이 복잡하여 미리 노선번호와 행선지를 확인해 두는 편이 좋다. 보통 차장이 타고 있지만 혼잡한 경우가 많아 미리 잔돈을 준비해두는 편이 좋다.

2. 미니버스

미니버스는 小公共汽車(소공공기차)라고 불리며 시내버스보다 적은 20명 정도의 인원을 수용한다. 요금은 시내버스보다 좀 비싼편이지만 관광명소나 중요한 지점을 중심으로 운행하기 때문에 관광을 위한 관광객들에게는 편리하다.

3. 장거리 버스

장거리 버스는 열차노선이 잘 발달되지 않은 곳을 중심으로 발달되어 있다. 특히 산악지대나 실크로드 등 비교적 도시간의 거리가 먼 구간에 많이 운행되고 있으며, 비교적 저렴한 요금으로 이용할 수 있다. 구조는 보통 장거리를 운행하기 때문에 2층 구조인 침대버스와 좌석버스로 되어 있으며, 짐은 보통 차 지붕이나 차 밑 짐칸에 보관하도록 되어 있다. 짐을 실을 때는 화물요금을 따로 지불해야 하며, 요금이 저렴한 만큼 시설은 크게 기대하지 않는 것이 좋다.

4. 여유버스

여유버스(旅遊汽車)는 중국의 주요 도시나 관광지를 둘러 볼 수 있는 투어버스이다. 주로 여행사나 호텔, 주정부에서 운영하고 있으며, 당일코스로 운행되는 경우가 많다. 코스는 대개 버스마다 정해져 있으며, 사람들이 많이 모이는 기차역 주변이나 광장에서 볼 수 있고 호텔에서 직접 운영하는 버스를 이용할 수도 있다.

4 열차와 지하철

기차 이동시간을 잘 알아둔다. 보통 15~20시간 이내로, 저녁에 출발하면 아침에 도착하게 된다. 여행 기간이 짧을수록 이동거리를 줄이는 것이 경비와 시간을 절약하는 방법이다. 따라서 대략적인 기차시간표를 한국에서 미리 알고 가는 것이 좋다.

열차 탑승을 할 때는 반드시 1시간 전에는 역에 도착하는 것이 좋다. 자신이 탈 열차가 그 역에서 출발하는 열차라면 보통 40분 전에 개찰하기 시작한다. 그리고 열차의 종류에 따라 대기실이 다른 경우도 있기 때문에 반드시 역에 일찍 도착해서 출발하는 곳을 확인하고 1시간 전에는 대합실에서 대기하고 있는 것이 좋다. 출발하는 곳을 알아본 후에 열차 안에서 먹을 간식들을 준비하는 것도 잊지 말자.

1. 매표소는 어디입니까?
售票处在哪儿?
서우 피아오 추 짜이 날

2. 베이징역까지 요금은 얼마입니까?
去北京站多少钱?
취 베이 징 짠 뚜오 소우 치엔

3. 좌석을 예약하고 싶습니다.
我想预定座位。
워 샹 위 띵 쭈오 웨이

4. 광주까지 편도(왕복)표를 2장 주십시오.
请给我两张到广州的单程票。(往返票)
칭 게이 워 량 짱 또우 광 쩌우 더 딴 청 피아오(왕 판 피아오)

5. 지정석이나 자유석 중 어느 것으로 하시겠습니까?
您要指定席还是自由席?
닌 요우 즈 띵 시 하이 쓰 쯔 여우 시

6. 지정석(자유석)으로 주십시오.
请给指定席(自由席)。
칭 게이 즈 띵 시 (쯔 여우 시)

7. 좌석은 1등석과 2등석이 있습니다. 어느 것으로 하시겠습니까?
座位有头等席和二等席，您要哪个？
쭈오 웨이 여우 터우 덩 시 허 얼 덩 시 닌 요우 나 꺼

8. 흡연(금연)차를 부탁합니다.
我要吸烟车厢(禁烟车厢)。
워 요우 시 앤 처 샹 (찐 앤 처 샹)

9. 시각표를 보고 싶습니다.
我想看时刻表。
워 샹 칸 스 커 비아오

10. 노선도는 어디에서 구할 수 있습니까?
在哪儿可以买路线图？
짜이 날 커 이 마이 루 시엔 투

11. 여행자 우대 철도 이용권을 이용하고 싶습니다.
我想利用游客优待券。
워 샹 리 융 여우 커 여우 따이 취엔

12. 요금은 열차 내에서 지불합니까?
费用在列车上付吗？
페이 융 짜이 리에 처 쌍 푸 마

13. 다음 열차는 몇 시 출발입니까?
下一辆列车几点出发？
샤 이 량 리에 처 지 디엔 추 파

14. 항주행 열차는 어느 홈입니까?
开往杭州的列车在哪个站台?

15. 이 열차는 천진 역에 섭니까?
这列车在天津站停吗?

16. 다음 정차역은 어디입니까?
下一站是哪儿?

17. 대련은 몇 번째 역입니까?
大连是第几站?

18. 자동판매기의 사용법을 가르쳐 주십시오.
请告诉怎样使用自动售货机。

19. 이 패스는 며칠까지 유효합니까?
这证件有效期到哪天?

20. 유효기간이 14일간이므로 23일까지 사용할 수 있습니다.
有效期是14天，所以可以使用到23号。

21. 여행자 우대 철도 이용권을 사용할 수 있습니까?
可以使用游客优待券吗?

22. 전 노선에서 사용할 수 있습니다.
能在整个路线上使用。
넝 짜이 정 꺼 루 시엔 쌍 스 융

23. 1등석을 이용할 경우에는 추가요금이 필요합니다.
要头等席的话，需要附加费用。
요우 터우 덩 시 더 화 쉬 요우 푸 쟈 페이 융

24. 급행열차는 심양에 섭니까?
快车在沈阳站停吗？
콰이 처 짜이 선 양 짠 팅 마

25. 심양에서 갈아타야 합니다.
需要在沈阳站换车。
쉬 요우 짜이 선 양 짠 환 처

26. 남경 행 급행요금은 얼마입니까?
开往南京的加快费是多少？
카이 왕 난 징 더 쟈 콰이 페이 쓰 뚜오 소우

27. 침대차를 예약하고 싶습니다.
我要预定卧铺。
워 요우 위 띵 워 푸

28. 간이 침대차라도 좋습니까?
普通卧铺车也可以吗？
푸 퉁 워 푸 처 예 커 이 마

29. 가능하면 상층(하층)으로 해 주십시오.
可以的话，请给我上铺（下铺）。
커 이 더 화 칭 게이 워 쌍 푸 (샤 푸)

30. 이 열차는 몇 시에 출발합니까?
这列车几点出发?
쩌 리에 처 지 디엔 추 파

31. 2시에 출발합니다.
2点出发。
량 디엔 추 파

32. 남경 역에 도착하면 가르쳐 주시겠습니까?
到南京站，请告诉我?
또우 난 징 짠 칭 꼬우 쑤 워

33. 자리를 잘못 아신 것 같습니다. 여기가 내 자리입니다.
您好像弄错了，这是我的座位。
닌 호우 샹 눙 춰 러 쩌 쓰 워 더 쭈오 웨이

34. 이 표로 도중하차할 수 있습니까?
利用这张票中途可以下车吗?
리 융 쩌 짱 피아오 쭝 투 커 이 샤 처 마

35. 상해 역에서 탔습니다.
我在上海站上的车。
워 짜이 쌍 하이 짠 쌍 더 처

36. 표를 잃어버렸는데요.
我把票弄丢了。
워 바 피아오 눙 띠우 러

37. 얼마 동안 정차합니까?
停多长时间?
팅 뚜오 창 스 지엔

38. 내릴 정류장을 지나쳤습니다.
我坐过站了。
워 쭈어 꿔 짠 러

39. 이 열차에 식당차가 있습니까?
这列车内有餐车厢吗?
쩌 리에 처 네이 여우 찬 처 샹 마

40. 앞(뒤) 차량에 있습니다.
前(后)一辆车里有。
치엔 (허우)이 량 처 리 여우

41. 열차에 가방을 두고 내렸습니다. 어떻게 하면 좋습니까?
我把包落在列车上了，该怎么办呢?
워 바 뽀우 라 짜이 리에 처 쌍 러 까이 전 머 빤 너

42. 천진에 가는 출구는 어디입니까?
去天津的出口在哪儿?
취 티엔 진 더 추 커우 짜이 날

43. 2번째 출구의 계단을 올라가십시오.
请走第二个出口的台阶。
칭 저우 띠 얼 꺼 추 커우 더 타이 지에

철도	지하철	역	표
铁路	地铁	站	票
티에 루	띠 티에	짠	피아오
왕복	편도	특급열차	급행열차
往返	单程	特快列车	快车
왕 판	딴 청	터 콰이 리에 처	콰이 처
침대차	매표소	개찰구	예약
卧铺车	售票处	剪票口	预定
워 푸 처	서우 피아오 추	지엔 피아오 커우	위 띵
급행요금	침대요금	홈	1등
加快费	卧铺费	站台	头等
쟈 콰이 페이	워 푸 페이	짠 타이	터우 덩
2등	보통열차	차장	칸막이
二等	普通列车	列车长	分隔间
얼 덩	푸 퉁 리에 처	리에 처 장	펀 거 찌엔
갈아타다	식당차	지정석	자유석
换乘	餐车	指定席	自由席
환 청	찬 처	즈 띵 시	쯔 여우 시

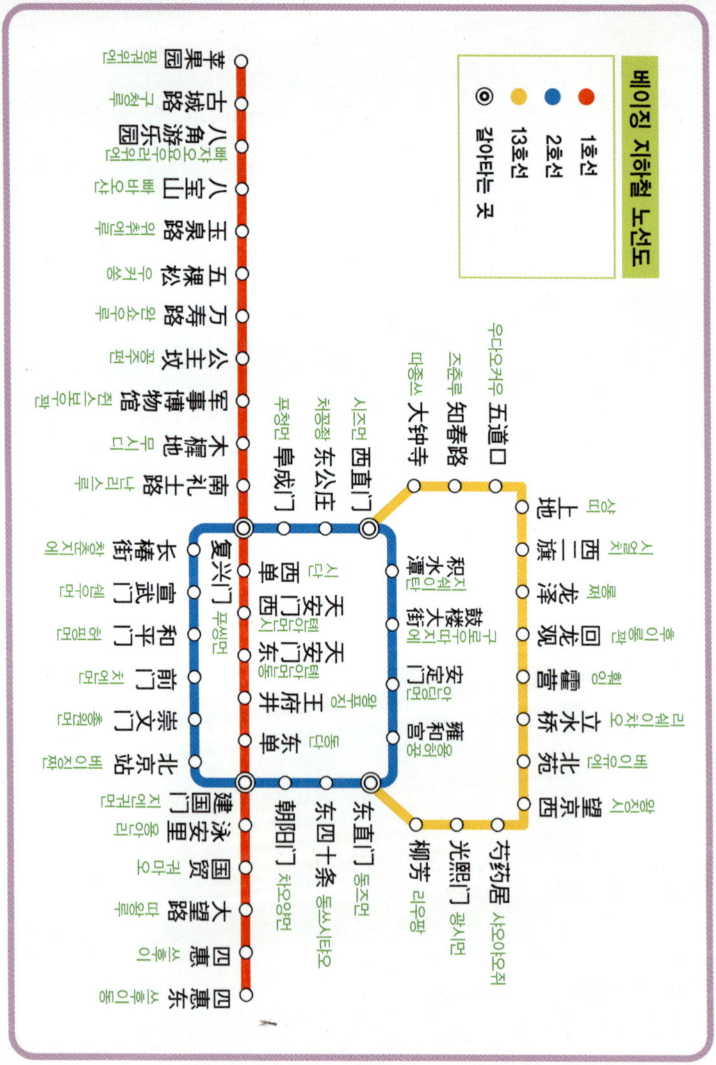

Sense Click!!

베이징 지하철 노선도

- ● 1호선
- ● 2호선
- ● 13호선
- ◎ 갈아타는 곳

5 렌트카

렌트카 예약 방법

각 렌트카 회사 예약 창구에서 이용자의 주소, 성명, 전화번호, 사용일정, 이용 도시 등을 기입하고 신청. 공항에 도착함과 동시에 빌리고자 한다면 편명과 도착시각도 알려 준다. 후일 받은 예약 확인서를 현지의 영업소에서 보여주면 된다.

1. 차는 어디에서 빌릴 수 있습니까?
在哪儿可以租车?
짜이 날 커 이 쭈 처

2. 차를 빌리고 싶습니다.
我想租车。
워 샹 쭈 처

3. 한국에서 예약한 박입니다.
我姓朴，是在韩国预定的。
워 씽 피아오 쓰 짜이 한 궈 위 띵 더

4. 내일 저녁 5시까지 빌리고 싶습니다.
我想租到明天晚上5点。
워 샹 쭈 또우 밍 티엔 완 쌍 우 디엔

5. 이 차를 6시간 동안 빌리고 싶습니다.
这辆车我想租6个小时。
쩌 량 처 워 샹 쭈 리우 꺼 시아오 스

6. 하루에 얼마입니까?
一天多少钱?
이 티엔 뚜오 소우 치엔

7. 어떤 차종이 있습니까?
有什么车?
여우 선 머 처

8. 중형차가 좋겠습니다.
我要中型车。
워 요우 쭝 싱 처

9. 오토차만 됩니다.
只有自动型的车才可以。
즈 여우 쯔 뚱 싱 더 처 차이 커 이

10. 한국차는 있습니까?
有韩国车吗?
여우 한 궈 처 마

11. 에어컨은 있습니까?
有空调吗?
여우 쿵 티아오 마

12. 요금표를 보여 주십시오.
请给我看价格表。
칭 게이 워 칸 쟈 거 비아오

13. 보험을 들어 주십시오.
请给我入保险。
칭 게이 워 루 보우 시엔

14. 보험은 어떤 것이 있습니까?
有什么保险?
여우 선 머 보우 시엔

15. 보험료가 포함된 요금입니까?

这是包括保险的费用吗?

쩌 쓰 뽀우 쿼 보우 시엔 더 페이 융 마

16. 자동차 손해배상 보험이 들어 있습니다.

已入了汽车损坏赔偿保险。

이 루 러 치 처 순 화이 페이 창 보우 시엔

17. 추가요금은 있습니까?

有附加费用吗?

여우 푸 쟈 페이 융 마

18. 차는 어디에 반환합니까?

在哪儿还车?

짜이 날 환 처

19. 베이징 국제공항에 차를 두어도 됩니까?

把车放在北京国际机场行吗?

바 처 팡 짜이 베이징 궈 찌 찌 창 싱 마

20. 연료는 가득 채워서 반환해야 합니까?

还车时需要加满油吗?

환 처 스 쉬 요우 쟈 만 여우 마

21. 차를 호텔까지 가져다 줍니까?

车给送到宾馆吗?

처 게이 쑹 또우 삔 관 마

22. 이 계약서에 필요 사항을 기입해 주십시오.

在这合同上，请写一下所需事项。

짜이 쩌 허 퉁 상 칭 시에 이 샤 쉬 쉬 쓰 샹

23. 고장이 났을 경우 연락할 수 있는 사람을 알려 주십시오.

请告诉我出故障的话，可以联系的人。

칭 꼬우 쑤 워 추 꾸 짱 더 화 커 이 리엔 씨 더 런

자동차	자동변속차	수동변속차	한국차
汽车	自动变速车	手动变速车	韩国车
치 처	쯔 뚱 삐엔 쑤 처	서우 뚱 삐엔 쑤 처	한 궈 처
차종	운전자	요금	보험
车种	司机	费用	保险
처 중	스 찌	페이 융	보우 시엔
가솔린	가득 채우다	도로지도	표시
汽油	加满	路线图	标记
치 여우	쟈 만	루 시엔 투	비아오 찌
빌리다	반환하다	냉방	주차
租	返还	冷气	停车
쭈	판 환	렁 치	팅 더
사고	유료도로	고속도로	교통사고
事故	收费公路	高速公路	交通事故
쓰 꾸	서우 페이 꿍 루	꼬우 쑤 꿍 루	찌아오 퉁 쓰 꾸
구급차	주유소	주차장	대형차
救护车	加油站	停车场	大型车
찌우 후 처	쟈 여우 짠	팅 처 창	따 싱 처
소형차	중형차	펑크	
小型车	中型车	泄气	
시아오 싱 처	쭝 싱 처	시에 치	
연료가 떨어지다	예약확인서		고장
没有燃气了	预定确认单		故障
메이 여우 란 치 러	위 띵 취에 런 딴		꾸 짱
임대계약서	국제운전면허		
租赁合同	国际驾使证		
쭈 린 허 퉁	궈 찌 쨔스 쩡		

중국의 택시

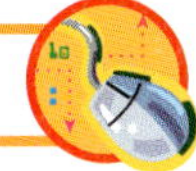

택시는 중국어로 出租汽車(출조기차)라고 한다. 택시는 관광객들이 이용하기에 가장 편리한 교통수단으로 도시나 택시회사마다 차종이나 색상이 다르고 요금도 조금씩 차이가 난다. 또한 에어컨의 유무에 따라서도 요금이 달라진다. 타는 방법은 한국과 거의 다르지 않다. 일반적으로 미터 요금으로 운행하지만 외곽의 경우에는 타기 전에 미리 요금을 흥정하는 경우가 많다. 요금은 기본적으로 10원정도로 차종에 따라 기본 거리 및 가산 요금이 달라진다.

택시를 이용함에 있어 가장 중요한 점은 미터기의 사용 여부이다. 외국인이 탑승할 경우 간혹 미터기를 사용하지 않고 바가지를 씌우거나 길을 돌아가는 경우도 있다. 따라서 탑승할 때는 반드시 미터기의 사용을 확인하고 하차할 때에는 꼭 영수증을 받도록 해야 한다. 만약 부당하게 요금을 요구하거나 길을 많이 돌아가는 경우에는 영수증이나 택시 기사의 이름, 자동차 번호와 신분증명서의 번호를 메모하여 공안이나 택시회사에 신고하도록 한다. 그러나 요즘은 모범택시라는 표를 달고 다니는 택시가 많아 졌다. 이는 한국의 모범택시와 달리 요금이 비싼 택시가 아니라 운전기사가 성실하고 모범적이라는 뜻으로 처음 중국을 방문하는 외국인들이 선호한다.

중국의 택시에서 눈에 띄는 점은 강도를 막기 위해 운전석 옆과 뒷자리 사이에 철조망을 설치해 두고 있는 것이다. 보통 현금을 많이 가지고 있는 택시의 안전을 위해서이다.

중국 택시 탑승 시 주의할 점

1. 미터기 사용을 확인한다.
2. 신분증명서가 없는 택시는 타지 않는다.
3. 인상이 좋은 운전기사의 택시를 탄다.
4. 고급 호텔 앞에서 탄다.
5. 역이나 터미널 앞에 정차하여 있는 택시는 타지 않는다.
6. 야간에는 뒷자리에 앉는 것이 원칙이다. 합승차량은 타지 않는다.

6 드라이브

1. 이 길이 장안거리로 가는 길입니까?
这条路通往长安街吗?
쩌 티아오 루 퉁 왕 창 안 지에 마

2. 이곳은 일방통행입니까?
这儿是单项行驶吗?
쩔 쓰 딴 썅 싱 스 마

3. 주차장은 있습니까?
有停车场吗?
여우 팅 처 창 마

4. 노상주차를 해도 됩니까?
可以在路上停车吗?
커 이 짜이 루 썅 팅 처 마

5. 이곳은 주차금지 구역입니다.
这儿禁止停车。
쩔 찐 즈 팅 처

6. 시동이 걸리지 않습니다.
檠不上挡。
과 뿌 썅 당

7. 근처에 주유소가 있습니까?
附近有加油站吗?
푸 찐 여우 쟈 여우 짠 마

8. 가솔린 넣는 방법을 가르쳐 주십시오.
请告诉我加汽油的方法。
칭 꼬우 쑤 워 쟈 치 여우 더 팡 파

9. 이 지도에서 현재 위치를 가르쳐 주십시오.
请告诉我地图上现在的位置。
칭 꼬우 쑤 워 띠 투 쌍 시엔 짜이 더 웨이 즈

10. 이곳은 무슨 거리입니까?
这是什么街?
쩌 쓰 선 머 지에

11. 공중전화는 어디에 있습니까?
公用电话在哪儿?
꿍 융 띠엔 화 짜이 날

12. 장안거리까지 몇 마일입니까?
到长安街有多少英里?
또우 창 안 지에 여우 뚜오 소우 잉 리

13. 도로지도는 있습니까?
有路线图吗?
여우 루 시엔 투 마

14. 사고가 났습니다.
出事故了。
추 쓰 꾸 러

15. 경찰을 불러 주시겠습니까?
请叫一下警察，行吗?
칭 찌아오 이 샤 징 차 싱 마

1. 북경의 만리장성
길이가 약 6,350km에 달하는 만리장성은 춘추전국시대에 북방민족의 침략에 대비하여 만들기 시작하여 진시황이 완성하였다. 장성과 관련해서 중국에서 가장 많이 인용되고 있는 것은 모택동의 '장성에 오르지 않으면 대장부가 아니다' 라는 말이다.

2. 북경의 고궁과 자금성
북경의 한가운데 위치하며 명·청 시대에 황제가 거처하던 곳으로 우리나라의 경복궁과는 그 규모가 비교도 안 될 정도로 크다. 방이 워낙 많아서 아이가 태어나서 하루씩만 거쳐간다 해도 청년이 되어야 끝난다고 한다.

3. 계림
산수화에서나 볼 수 있음직한 수려한 산수, 평지에서 우뚝 솟은 산, 유람선을 타고 이 강을 따라 올라가다 보면 그림같은 풍경에 자연히 도취된다.

4. 장강삼협
서부의 고원에서 시작하여 중국 대륙을 횡단하는 장강 주변의 기묘한 경치가 펼쳐진다.

5. 항주 서호
항주시 서쪽에 위치한 길이 15km, 면적 5·6 평방 km에 달하는 자연호수이다. 시인 백락천, 소동파 등 절강의 뭇시인들이 수많은 시를 남길 정도로 유명한 호수이다.

6. 서안의 진시황 병마용
병마용이란 흙으로 빚어 구운 병사와 말을 가리키는데, 진시황이 사후에 자신의 무덤을 지키게 하기 위해 만든 것이다. 6,000여 개의 실물 크기의 도용(陶俑)이 묻혀 있으며, 현재는 1,000개 정도가 진열되어 있다. 각각의 다른 자세와 표정, 복장, 헤어스타일을 가지고 있는 병마용은 세계 8대 불가사의 중 하나로 꼽히고 있다.

식사

① 레스토랑 찾기

여행지에서 좋은 레스토랑을 찾으려면 거리의 관광 안내소나 호텔 안내 데스크에서 상담한다. 여행잡지나 가이드 북에 소개되어 있는 레스토랑을 이용할 경우에는 정보가 오래된 것은 아닌지 전화하거나 확인해 보고 방문하는 것이 좋다.

1. 좋은 레스토랑을 소개해 주시겠습니까?
可以介绍一下好的宾馆吗?
커 이 찌에 소우 이 샤 호우 더 삔 관 마

2. 근처에 한국식당이 있습니까?
附近有韩国饭店吗?
푸 찐 여우 한 궈 판 띠엔 마

3. 해산물 요리를 먹고 싶습니다.
我想吃海鲜料理。
워 샹 츠 하이 시엔 리아오 리

4. 지방요리를 잘하는 식당을 소개해 주시겠습니까?
能给介绍一下当地料理做的好的饭店吗?
넝 게이 찌에 소우 이 샤 땅 띠 리아오 리 쭈오 더 호우 더 판 띠엔 마

5. 이 지방 명물요리를 먹고 싶습니다.
我想吃当地有名的料理。
워 샹 츠 땅 띠 여우 밍 더 리아오 리

6. 이 지역의 특산물 요리는 무엇입니까?
这里的特色菜是什么?
쩌 리 더 터 써 차이 쓰 선 머

7. 가볍게 식사하고 싶습니다.
我想吃小吃。
워 샹 츠 시아오 츠

8. 예산은 400원입니다.
打算花400元左右。
다 쏸 화 쓰 바이 위엔 쥐 여우

9. 그다지 비싸지 않은 식당을 찾고 있습니다.
我在找不太贵的饭店。
워 짜이 쪼우 부 타이 꾸이 더 판 띠엔

10. 여기에서 제일 가까운 중국식당은 어디입니까?
离这儿最近的中国饭店在哪儿?
리 쩔 쭈이 찐 더 쭝 궈 판 띠엔 짜이 날

11. 그 가게는 몇 시까지 영업합니까?
那儿开到几点?
날 카이 또우 지 디엔

12. 예약해야 합니까?
需要预定吗?
쉬 요우 위 띵 마

13. 더 싼 식당은 없습니까?
有更便宜的饭店吗?
여우 껑 피엔 이 더 판 띠엔 마

❷ 레스토랑 예약

레스토랑의 예약은 호텔의 프론트에 부탁하거나 자신이 직접 전화해서 한다. 프론트에 부탁할 경우는 사람 수, 이름, 시간 등을 확실히 알려준다. 또한 레스토랑까지의 교통수단이나 길은 지도를 통해 미리 알아두는 것이 좋으며, 알 수 없는 경우에는 표지가 될 만한 것을 물어 본다.

1. 오늘 밤 예약하고 싶습니다.
我想预定今天晚上的。
워 샹 위 띵 찐 티엔 완 쌍 더

2. 4인석을 예약해 주십시오.
预定4个人的。
위 띵 쓰 꺼 런 더

3. 몇 분이십니까?
几位?
지 웨이

4. 몇 시로 예약하시겠습니까?
您预定了几点的?
닌 위 띵 러 지 디엔 더

5. 그 시간은 자리가 없습니다.
那个时间没有座位。
나 꺼 스 지엔 메이 여우 쭈오 웨이

6. 몇 시경이면 자리가 빕니까?

大概几点钟有座位?

7. 8시 이후면 좋을 것 같습니다.

8点以后就可以。

8. 창측 좌석은 어떻습니까?

靠窗的座位怎么样?

9. 금연석을 부탁합니다.

请给禁烟席。

10. 어떤 복장을 하면 좋겠습니까?

穿什么服装好呢?

11. 미안합니다만, T셔츠나 청바지는 안 됩니다.

很抱歉，T恤衫或牛仔裤是不行的。

12. 오늘밤 예약을 취소해 주십시오.

请给取消今晚的预定。

한국요리	중국요리	스페인요리	프랑스요리
韩餐 한 찬	中餐 쫑 찬	西班牙料理 시 빤 야 리아오 리	法国料理 파 궈 리아오 리
이탈리아요리	일본요리	지방요리	해산물요리
意大利料理 이 따 리 리아오 리	日本料理 르 번 리아오 리	地方料理 띵 팡 리아오 리	海鲜料理 하이 시엔 리아오 리
고기요리	고급의	적당한	유명한
鱼肉菜 위 러우 차이	高级的 꼬우 지 더	适当的 스 땅 더	有名的 여우 밍 더
맛있는	조용한	경치가 좋은	분위기가 좋은
好吃的 호우 츠 더	安静的 안 찡 더	景色好的 징 써 호우 더	气氛好的 치 펀 호우 더

중국의 술 문화

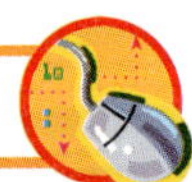

중국의 술은 4,000년의 역사를 가지고 있으며 남녀를 막론하고 술을 좋아하는 사람들이 많다. 뿐만 아니라 중국인들은 술을 많이 마시는 것으로 알려져 있다. 그러나 술 마시는 습관이 잘 절제되어 있어 술 주정을 하거나 술로 인해서 사회 질서를 어지럽게 하는 일은 많지 않다. 우리의 원샷에 해당하는 말이 중국에서는 '깐' 이다. 그런데 중국인들의 주도는 술자리가 처음 시작됐을 때 술을 연거푸 석 잔 '깐깐깐' 하는 것이다. 빈속에다 석 잔 연거푸 독주를 들이키게 되면 그런 주법에 익숙하지 않은 외국인의 경우에는 초반부터 완전히 취해 버리곤 한다. 이것도 일단 길들여지면 우리의 술자리보다 편한 점이 있기도 하다. 중국 사람들도 우리처럼 반강제적으로 술을 권하기도 하고 술을 못 먹으면 사회 생활하는 데 지장이 있다고 말할 정도이다. 하지만 일단 '깐깐깐' 을 한 후에는 자기가 마시고 싶으면 마시고 그렇지 않으면 마시지 않아도 된다. 중국 사람들은 절대로 잔을 돌리지 않는다. 우리 나라 사람들이 중국 사람과 술을 마실 때 주의할 점이기도 하다. 우리처럼 술 마시면서 웃고 떠드는 건 그들도 상당히 좋아하지만, 음주 습관까지 같지는 않다.

3 레스토랑에서

레스토랑에 도착하면 예약 여부를 알려준 다음 안내를 기다린다. 예약을 하지 않은 경우에는 만원으로 거절당하거나 자리가 날 때까지 기다려야 하는 경우도 있다. 기다리는 시간이 길어질 경우를 대비해서 그 자리에서 예약을 해두면 좋다. 짐이나 코트 등을 맡아 주는지 확인해 둔다. 귀가시간이 늦어질 경우를 대비해서 귀가 택시를 확실히 수배해 둔다. 요리를 주문할 때에는 메뉴를 잘 읽고 웨이터의 조언을 참고해서 천천히 검토한다.

1. 예약하지 않았습니다만, 빈 자리가 있습니까?
我没有预定，有空位吗?
워 메이 여우 위 띵 딴 여우 쿵 웨이 마

2. 지금 빈 자리가 없습니다.
现在没有空位。
시엔 짜이 메이 여우 쿵 웨이

3. 얼마나 기다려야 합니까?
需要等多长时间?
쉬 요우 덩 뚜오 창 스 지엔

4. 기다리겠습니다. 준비가 되면 불러 주십시오.
我们等，准备好的话请叫一下。
워 먼 덩 준 뻬이 호우 더 화 칭 찌아오 이 샤

5. 구석 자리를 부탁합니다.
请给靠角的餐桌。
칭 게이 코우 지아오 더 찬 쭤

6. 창문 옆 좌석으로 부탁합니다.
请给靠窗的餐桌。
칭 게이 코우 촹 더 찬 줘

7. 모두 함께 앉을 수 있는 테이블을 부탁합니다
请给我们都可以坐下的餐桌。
칭 게이 워 먼 떠우 커 이 쭈오 샤 더 찬 줘

8. 메뉴(와인 리스트)를 볼 수 있습니까?
可以看一下菜谱(葡萄酒目录)吗?
커 이 칸 이 샤 차이 푸 (푸 토우 지우 무 루)마

9. 한국어 메뉴는 없습니까?
有韩国语的菜谱吗?
여우 한 궈 위 더 차이 푸 마

10. 지금 주문할 수 있습니까?
现在可以点菜吗?
시엔 짜이 커 이 디엔 차이 마

11. 오늘밤 특별 요리는 무엇입니까?
今晚的特别料理是什么?
찐 완 더 터 비에 리아오 리 쓰 선 머

12. 이 식당에서 권하는 요리는 무엇입니까?
这饭店的拿手菜是什么?
쩌 판 띠엔 더 나 서우 차이 쓰 선 머

13. 이 코스 요금에 음료 요금도 포함되어 있습니까?
这套费用里包括饮料费吗?
쩌 토우 페이 융 리 빠우 쿼 인 리아오 페이 마

14. 옆 테이블과 같은 걸로 주십시오.
要跟旁边的餐桌一样的。
요우 껀 팡 비엔 더 찬 줘 이 양 더

15. 물(음료) 한 잔 더 주십시오.
请再给一杯水(饮料)。
칭 짜이 게이 이 베이 수이 (인 리아오)

16. 식전주는 무엇이 있습니까?
有什么开胃酒?
여우 선 머 카이 웨이 지우

17. 쉐리주를 부탁합니다.
请拿雪利酒。
칭 나 쉬에 리 지우

18. 지방 특산 와인을 마시고 싶습니다.
我想喝当地特产葡萄酒。
워 샹 허 땅 띠 터 찬 푸 토우 지우

19. 와인을 잔으로 주문할 수 있습니까?
葡萄酒可按杯点吗?
푸 토우 지우 커 안 베이 디엔 마

20. 주문하시겠습니까?
可以点菜了吗?
커 이 디엔 차이 러 마

21. 아직 정하지 못했습니다. 잠시만 기다려 주십시오.
还没定呢，请稍等一下。
하이 메이 띵 너 칭 소우 덩 이 샤

22. 정식은 있습니까?
有套餐吗?
여우 토우 찬 마

23. 가장 빨리 나오는 요리는 무엇입니까?
做的最快的料理是什么?
쭈오 더 쭈이 콰이 더 리아오 리 쓰 선 머

24. 수프는 콩소메, 포타주 중 어느 것으로 하시겠습니까?
汤有清炖肉汤和浓汤，您要哪个?
탕 여우 칭 뚠 러우 탕 허 눙 탕 닌 요우 나 꺼

25. 고기는 어떻게 요리해 드릴까요?
鱼怎么做好呢?
위 전 머 쭈오 호우 너

26. 웰던으로 부탁합니다.
要完全熟的。
요우 완 취엔 서우 더

27. 이 요리와 어울리는 와인을 소개해 주십시오.
请介绍一下与这料理合适的葡萄酒。
칭 찌에 소우 이 샤 위 쩌 리아오 리 허 쓰 더 푸 토우 지우

28. 디저트를 내와도 되겠습니까?
可以上甜食吗?
커 이 쌍 티엔 스 마

29. 커피와 홍차 중 어느 것으로 하시겠습니까?
您需要咖啡还是红茶?
닌 쉬 요우 카 페이 하이 쓰 훙 차

30. 빵을 좀 더 주십시오.
请再拿点面包。
칭 짜이 나 디엔 미엔 뽀우

31. 이건 무슨 요리입니까?
这是什么料理?
쩌 쓰 선 머 리아오 리

32. 미안합니다. 나이프를 떨어 뜨렸습니다.
对不起，我把刀掉地上了。
뚜이 뿌 치 워 바 또우 띠아오 띠 쌍 러

33. 후추를 좀 집어 주시겠습니까?
能给夹点辣椒吗?
넝 게이 쟈 디엔 라 지아오 마

34. 주문을 취소해도 됩니까?
点的可以取消吗?
디엔 더 커 이 취 시아오 마

35. 주문은 바꿔도 되겠어요?
可以重新点吗?
커 이 충 신 디엔 마

36. 이것을 치워 주시겠습니까?
把这个收拾一下，好吗?
바 쩌 꺼 서우 스 이 샤 호우 마

37. 디저트를 주십시오.
请给甜食。
칭 게이 티엔 스

4 불만

1. 주문한 요리가 아직 나오지 않았습니다.
我点的菜还没有来。
워 디엔 더 차이 하이 메이 여우 라이

2. 곧 나올 겁니다.
马上就来了。
마 쌍 찌우 라이 러

3. 곧 떠나야 하니까 서둘러 주시겠습니까?
我得赶紧走，能快点吗？
워 데이 간 진 저우 넝 콰이 디엔 마

4. 맛이 이상한데요.
味儿有点儿怪。
워 얼 여우 디엘 꽈이

5. 이 스테이크는 너무 익혔는데요.
这牛排熟过头了。
쩌 니우 파이 서우 꿔 터우 러

6. 이 잔은 더럽습니다. 다른 잔을 주시겠어요?
这杯子脏，能给别的吗？
쩌 베이 즈 짱 넝 게이 비에 더 마

7. 야채 샐러드가 아니라 해산물 샐러드를 주문했는데요.
我点的是海鲜沙拉，不是蔬菜沙拉。
워 디엔 더 쓰 하이 시엔 싸 라 부 쓰 쑤 차이 싸 라

8. 미안하지만 다른 것을 주문했는데요.
对不起，我点的是其他的。
뚜이 뿌 치 워 디엔 더 쓰 치 타 더

9. 이것은 주문하지 않았는데요.
我没有点这个。
워 메이 여우 디엔 쩌 꺼

10. 이것을 바꿔 주십시오.
请给换一下。
칭 게이 환 이 샤

11. 주문을 확인해 주시겠습니까?
确认一下点的菜，好吗？
취에 런 이 샤 디엔 더 차이 호우 마

12. 미안하지만 이건 못 먹겠군요.
对不起，这个没法吃。
뚜이 뿌 치 쩌 꺼 메이 파 츠

실용단어

스푼	포크	나이프	잔	젓가락
汤匙	**叉子**	**小刀**	**杯子**	**筷子**
탕 츠	차 즈	시아오또우	뻬이 즈	콰이 즈
접시	요리	특별요리	조미료	케찹
碟子	**料理**	**特色菜**	**调料**	**番茄酱**
디에 즈	리아오 리	터 써 차이	티아오 리아오	판 치에 쨩
후추	소금	겨자	마요네즈	소스
辣椒	**盐**	**芥粉**	**蛋黄酱**	**调味汁**
라 찌아오	얜	지에 펀	딴 황 쨩	티아오 웨이 쯔

오늘의 요리

今天的特色菜
찐 티엔 더 터 써 차이

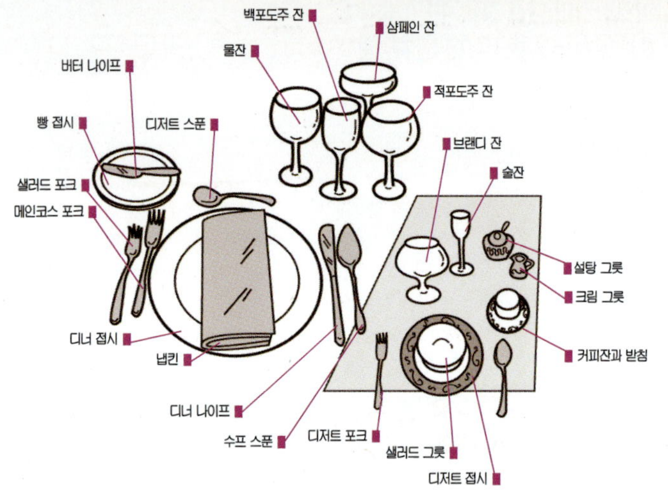

식사 예절 

- 웨이터나 웨이츄레스를 부를 때에는 손짓을 하거나 큰 소리로 부르지 말고 가볍게 손을 들면 된다.

- 동석한 남성에게 여성이 와인이나 맥주를 따르는 것은 좋지 않다. 남성이 따르는 것은 상관없다.

- 테이블에 앉은 채로 화장을 고치지 말 것. 화장실을 이용하자.

- 냅킨은 목에 걸지 않고 두 번 접어서 무릎 위에 올려 놓는다. 손이나 입을 닦을 때는 뒷면을 이용한다. 자리에서 일어설 때는 의자 한쪽 끝에 올려 놓고 식사를 마치면 테이블 위에 올려 놓는다.

- 나이프와 포크는 바깥쪽에서부터 순서대로 사용한다. 롤빵은 한입씩 떼어 버터를 발라 먹는다. 토스트는 버터를 바르고 그릇 위에서 찢어 먹는다.

- 입안에 음식물이 든 채로 와인을 마시지 않는다. 식사 중에는 소리를 내지 않도록 한다. 담배는 디저트 먹을 때까지 참을 것.

- 팔을 뻗어서 다른 사람 앞에 있는 물건을 가져오지 않는다. 가져오고 싶을 때는 가까이 있는 사람에게 부탁한다. 물건을 바닥에 떨어뜨렸을 때는 자신이 줍지 말고 웨이터나 웨이츄레스를 불러서 주워달라고 한다.

5 패스트푸드점

1. 커피만 마셔도 됩니까?
只要咖啡行吗?
즈 요우 카 페이 싱 마

2. 어디에서 주문합니까?
在哪儿点?
짜이 날 디엔

3. 나이프나 포크는 어디에 있습니까?
刀和叉子在哪儿?
또우 허 차 즈 짜이 날

4. 이 자리에 앉아도 됩니까?
坐这儿可以吗?
쭈오 쩔 커 이 마

5. 샌드위치 있습니까?
有三明治吗?
여우 싼 밍 쯔 마

6. 어떤 게 있습니까?
有些什么?
여우 시에 선 머

7. 요금은 먼저 지불합니까?
得先付钱吗?
데이 시엔 푸 치엔 마

8. 여기서 드시겠습니까, 가지고 가시겠습니까?
在这儿吃还是要打包?
짜이 쩔 츠 하이 쓰 요우 다 빠우

9. 여기서 먹겠습니다.(가지고 가겠습니다.)
在这儿吃。（请给打包。）
짜이 쩔 츠(칭 게이 따 빠우)

10. 햄버거와 콜라를 주십시오. 가지고 가겠습니다.
要汉堡包和可乐，我要拿走。
요우 한 보우 보우 허 커 러 워 요우 나 저우

11. 겨자와 양파를 넣을까요?
放芥粉和洋葱吗?
팡 지에 펀 허 양 충 마

12. 겨자는 넣지 마십시오.
不要放芥粉。
부 요우 팡 지에 펀

13. 양파를 많이 넣어 주십시오.
洋葱多放点儿。
양 충 뚜오 팡 디엔얼

14. 스몰 사이즈 핫도그와 콜라 큰 것으로 주십시오.
请给小的热狗和大可乐。
칭 게이 시아오 더 러 거우 허 따 커 러

가벼운 식사	햄버거	티 세트	음료수
快餐	**汉堡包**	**套茶**	**饮料**
콰이 찬	한 보우 보우	토우 차	인 리아오

6 카페

중국에서는 카페를 咖啡厅(카 페이 팅)이라고 한다.

1. 음료는 무얼 드시겠습니까?
您喝什么饮料?
닌 허 선 머 인 리아오

2. 술은 있습니까?
有酒吗?
여우 지우 마

3. 와인과 맥주가 있습니다.
有葡萄酒和啤酒。
여우 푸 토우 지우 허 피 지우

4. 무슨 맥주를 드시겠습니까?
您要什么啤酒?
닌 요우 선 머 피 지우

5. 무엇이 있습니까?
有什么?
여우 선 머

6. 오성 맥주를 주십시오.
请给五星啤酒。
칭 게이 우 씽 피 지우

7 바 (Bar)

1. 빈 테이블입니까?
有空位吗?
여우 쿵 웨이 마

2. 카운터가 좋겠습니다.
柜台好一点。
꾸이 타이 호우 이 디엔

3. 스카치를 마시고 싶습니다만 뭐가 있습니까?
我想喝威士忌，有什么?
워 샹 허 웨이 쓰 찌 여우 선 머

4. 스카치는 대부분 다 있습니다.
大部分威士忌都有。
따 뿌 펀 웨이 쓰 찌 떠우 여우

5. 안주는 무엇이 있나요?
有什么下酒菜?
여유 선머 씨야 지우 차이

6. 스카치에 물을 섞어 주십시오.
请拿加水的威士忌。
칭 나 쟈 수이 더 웨이 쓰 찌

7. 한 잔 더 주십시오.
请再拿一杯。
칭 짜이 나 이 뻬이

8. 같은 것을 주십시오.
要一样的。
요우 이 양 더

9. 먹을 게 좀 있습니까?
有什么吃的吗?
여우 선 머 츠 더 마

10. 치즈를 좀 주십시오.
请拿点奶酪。
칭 나 디엔 나이 로우

11. 독하지 않게 칵테일을 만들어 주십시오.
请给我不太浓的鸡尾酒。
칭 게이 워 부 타이 눙 더 찌 웨이 지우

12. 재떨이를 바꿔 주시겠습니까?
能给换一下烟灰缸吗?
넝 게이 환 이 샤 얜 후이 깡 마

13. 술은 충분히 마셨습니다.
酒喝的很多了。
지우 허 더 헌 뚜어 러

술	카운터	맥주 안주	땅콩
酒	柜台	啤酒的下酒菜	花生
지우	꾸이 타이	피 지우 더 샤 지우 차이	화성
얼음을 띄운	더블	물을 섞은	잔
带冰的	一倍	加水的	杯
따이 삥 더	이 뻬이	쟈 수이 더	뻬이
병	캔		
瓶	罐		
핑	꾸안		

8 나이트클럽

1. 쇼는 몇 시에 시작합니까?
演出几点开始?
얜 추 지 디엔 카이 스

2. 오늘 밤엔 무슨 쇼를 합니까?
今天晚上有什么演出?
찐 티엔 완 쌍 여우 선 머 얜 추

3. 쇼가 잘 보이는 자리를 예약하고 싶습니다.
我想预定能看好表演的座位。
워 샹 위 띵 넝 칸 호우 비아오 얜 더 쭈오 웨이

4. 다음은 8시 공연입니다.
下一场演出是8点。
샤 이 창 얜 추 쓰 빠 디엔

5. 곧 시작됩니다.
马上开始了。
마 쌍 카이 스 러

6. 예약하지 않았습니다만 빈 자리가 있습니까?
没有预定，还有空位吗?
메이 여우 위 띵 하이 여우 쿵 웨이 마

7. 몇 분이십니까?
几位?
지 웨이

⑨ 계산하기

중국 레스토랑에서의 지불은 그 테이블에서 마치는 것이 대부분. 식사를 마치고 자리에서 일어서기 전에 손을 들어 웨이터나 웨이츄레스를 부르고 '结帐[제짱]'이라고 하며 계산서를 부탁한다. 계산서를 가지고 오면 그 자리에서 내용을 확인하고 맞으면 계산서 사이에 돈을 끼워서 건넨다.

1. 계산서를 부탁합니다.
请结帐。
칭 지에 짱

2. 자리에서 지불합니까?
在座位上支付吗?
짜이 쭈오 웨이 쌍 쯔 푸 마

3. 출납계에서 해 주십시오.
请到出纳处结算。
칭 또우 추 나 추 지에 쏸

4. 함께 지불하시겠습니까?
一起算吗?
이 치 쏸 마

5. 각자 계산하고 싶습니다.
我们各付各的。
워 먼 꺼 푸 꺼 더

6. 제가 지불하겠습니다.
我付。
워 푸

7. 서비스료(자리세)는 포함되어 있습니까?
包括服务费(座位费)吗?
뽀우 쿼 푸 우 페이 (쭈오 웨이 페이)마

8. 세금은 포함되어 있습니까?
包括税吗?
뽀우 쿼 쑤이 마

9. 전부 얼마입니까?
一共多少钱?
이 꿍 뚜오 소우 치엔

10. 현금으로 지불하고 싶습니다.
我想付现金。
워 샹 푸 시엔 찐

11. 신용카드(여행자 수표)를 사용할 수 있습니까?
可以用信用卡(旅游支票)吗?
커 이 용 씬 용 카 (뤼 여우 쯔 피아오)마

12. 계산이 틀린 것 같습니다.
帐好像出错了。
짱 호우 샹 추 춰 러

13. 거스름 돈이 적은 것 같습니다.
好像少找钱了。
호우 샹 소우 쭈오 치엔 러

14. 이건 무슨 요금입니까?
这是什么费用?
쩌 쓰 선 머 페이 융

15. 팁은 카드 지불에 포함시켜 주십시오.
小费也加到卡上结算。
시아오 페이 예 쟈 또우 카 쌍 지에 쏸

16. 거스름돈은 가지세요.
不用找钱了。
부 융 자오 치엔 러

실용단어

서비스료	자리 요금	세금 전 가격	팁
服务费 푸 우 페이	**座位费** 쭈오 웨이 페이	**税前价格** 쑤이 치엔 쟈 거	**小费** 시아오 페이
계산	거스름돈	현금	영수증
计算 찌 쏸	**找回的钱** 쪼우 후이 더 치엔	**现金** 시엔 찐	**发票** 파 피아오
계산서	여행자 수표		
帐单 쌍 딴	**旅游支票** 뤼 여우 쯔 피아오		

전채 → 주요리 → 후식

전채 : 전채로는 냉채를 많이 내는데, 식사를 하기 전에 술을 함께 곁들이면 좋다. 냉채라고 해서 반드시 차게 해서 내놓으란 법은 없다. 조리하자마자 뜨거울 때 테이블에 올라온 경우도 있다. 찬 요리 2가지와 뜨거운 요리 2가지를 내는 것이 보통이다. 냉채를 몇 종류 배합시켜 담아 내놓는 요리를 병반이라고 하는데, 접시에 담은 모양이나 맛의 배합에 세심한 신경을 써서 식욕을 돋우게 한다.

주요리 : 주요리와 탕, 튀김, 볶음, 유채 등의 순서로 나오는 것이 일반적이나 순서 없이 나오기도 한다. 대규모의 연회에서는 찜, 삶은 요리 등이 추가된다. 흔히 중국요리는 처음부터 많이 먹으면 나중에 진짜로 맛있는 요리를 못먹는다고 말하는 것은 정식 코스에서 기름진 음식이 나오기 때문이다. 또한 우리 나라의 국이나 서양의 스프에 해당하는 탕채는 전채가 끝나고 주요리에 들어가기 전에 입 안을 깨끗이 가시고 주요리의 식욕을 돋우게 한다는 의미로 나오는 요리이다. 주요리의 중간이나 끝 무렵에 내는 경우도 있는데, 처음에는 걸쭉하거나 국물기가 많은 조림 등을 내며 끝에는 국물이 많은 요리를 낸다.

후식 : 코스의 마지막을 장식하는 요리이다. 앞에서 먹었던 요리의 뒷맛을 없애고, 단맛으로 입 안을 가시라는 의미가 있다. 보통 복숭아 조림, 중국 약식, 사과탕 등 산뜻한 음식이 쓰인다. 단 음식이 나오면 일단 코스가 끝났다고 보아야 한다. 코스 중간 이후에 나오는 딤섬도 후식의 일종이다. 단 음식의 다음으로 빵이나 면을 들면서 식사를 끝내기도 한다.

쇼핑

관공서 - 월요일 ~ 금요일 : 오전 8시 ~ 오후 5시
은행 　 - 월요일 ~ 금요일 : 오전 8시 ~ 오후 5시(토요일 : 오전 8시 ~ 오전 11시 30분)
기업 사무직 - 월요일 ~ 금요일 : 오전 8시 ~ 오후 5시
상점 　 - 여름 : 오전 9시 ~ 오후 6시
　　　　　 겨울 : 오전 9시 ~ 오후 7시
백화점 - 월요일 ~ 토요일 : 오전 10시 ~ 오후 6시

1. 선물은 어디에 가면 살 수 있습니까?
去哪儿可以买礼品?
취 날 커 이 마이 리 핀

2. 근처에 면세점이 있습니까?
附近有免税店吗?
푸 찐 여우 미엔 쑤이 띠엔 마

3. 대형백화점은 어디에 있습니까?
哪儿有大型百货商店?
날 여우 따 싱 바이 훠 쌍 띠엔

4. 이 근처에서 가장 유명한 브랜드점을 가르쳐 주시겠습니까?
能告诉我附近最有名的品牌店吗?
넝 꼬우 쑤 워 푸 찐 쭈이 여우 밍 더 핀 파이 띠엔 마

5. 이 도시의 어디에 쇼핑몰이 있습니까?
这座城市的购物中心在哪儿?
쩌 쭈오 청 스 더 꺼우 우 쭝 씬 짜이 날

6. 가장 가까운 쇼핑몰을 가르쳐 주십시오.
请告诉我最近的购物中心。
칭 꼬우 쑤 워 쭈이 찐 더 꺼우 우 쭝 씬

7. 이 쇼핑가의 안내도를 구할 수 있습니까?
可以拿到这个购物中心的介绍吗?
커 이 나 또우 쩌 꺼 꺼우 우 쭝 씬 더 찌에 소우 마

8. 의류 매장은 몇 층입니까?
服装柜台在几层?
푸 쫭 꾸이 타이 짜이 지 청

9. 구두는 어디에서 살 수 있습니까?
皮鞋在哪儿买?
피 시에 짜이 날 마이

10. 식료품 매장은 몇 층입니까?
食品柜台在几层?
스 핀 꾸이 타이 짜이 지 청

11. 여기에서 화장품을 살 수 있습니까?
在这儿可以买化妆品吗?
짜이 쩔 커 이 마이 화 좡 핀 마

12. 할인점을 찾고 있습니다.
我在找打折店。
워 짜이 쨔오 다 저 띠엔

13. 벼룩 시장은 있습니까?
有旧货市场吗?
여우 찌유 훠 스 창 마

14. 언제 엽니까?
什么时候开?
선 머 스 허우 카이

15. 정기휴일은 언제입니까?
哪天休息?
나 티엔 시우 시

16. 영업 시간을 가르쳐 주십시오.
请告诉营业时间。
칭 꼬우 쑤 잉 예 스 지엔

17. 젊은 사람에게 인기있는 브랜드점은 어디입니까?
年轻人喜欢的品牌店在哪儿?
니엔 칭 런 시 환 더 핀 파이 띠엔 짜이 날

18. 모피를 취급합니까?
卖毛皮吗?
마이 모우 피 마

19. 액세서리는 이 층에서 팔고 있습니까?
装饰品是在这层销售吗?
쟝 스 핀 쓰 짜이 쩌 청 시아오 서우 마

20. 찾는 것이 있나요?
您需要什么?
닌 쉬 요우 선 머

21. 어떤 종류(브랜드)가 있습니까?
有什么种类(品牌)？
여우 선 머 중 레이 (핀 파이)

22. 어떤 종류의 구두를 찾고 있습니까?
您在找哪一种类的皮鞋？
닌 짜이 쪼우 나 이 중 레이 더 피 시에

23. 나이프를 보여 주십시오.
请看一下刀。
칭 칸 이 샤 또우

24. 다른 것(저것)을 보여 주십시오.
请拿另一个(那个)看看。
칭 나 링 이 꺼 (나 꺼)칸 칸

25. 이것은 어떻습니까?
这个怎么样？
쩌 꺼 전 머 양

26. 아직 정하지 않았습니다. 좀 도와주실 수 있습니까?
还没定呢，能帮一下吗？
하이 메이 띵 너 넝 빵 이 샤 마

면세점	기념품점	전문점	가게
免税店	纪念品店	专品店	商店
미엔 쑤이 띠엔	찌 니엔 핀 띠엔	좌안핀띠엔	쌍 띠엔
매장	백화점		
柜台	百货商店		
꾸이 타이	바이 휘 쌍 띠엔		

2 옷

한국인은 무의식 중에 상품을 집어 보는 버릇이 있지만 여행지에서는 그러지 않는 게 좋다. 손에 집은 물건은 사는 것이 당연하다는 것이 그들의 사고 방식이기 때문이다. 흥미가 당기는 물건이라도 손대지 말고 점원에게 말해서 집어 달라고 한다.

1. 어서 오십시오.
欢迎光临。
환 잉 광 린

2. 구경 좀 하겠습니다.
我只是看看。
워 즈 쓰 칸 칸

3. 실례지만, 도와 주시겠습니까?
对不起，能帮一下吗?
뚜이 뿌 치 넝 빵 이 샤 마

4. 내가 입을 양복을 찾고 있습니다.
我在找适合我穿的西服。
워 짜이 쪼우 쓰 허 워 촨 더 시 푸

5. 400원 정도의 청바지를 찾고 있습니다.
我在找大约400元左右的牛仔裤。
워 짜이 쪼우 따 위에 쓰 바이 위엔 줘 여우 더 니우 짜이 쿠

6. 실크 블라우스 있습니까?
有女式的针丝上衣吗?
여우 뉘 쓰 더 쩐 스 싸앙 이 마

7. 드레스를 골라 주시겠습니까?
给挑一下晚礼服，行吗?
게이 티아오 이 샤 완 리 푸 싱 마

8. 이 스커트의 사이즈는 얼마입니까?
这裙子是多大号的?
쩌 췬 즈 쓰 뚸오 따 호우 더

9. 이 나라의 사이즈는 모릅니다.
我不知道这个国家的大小号。
워 뿌 즈 따오 쩌 꺼 궈 쟈 더 따 시아오 호우

10. 사이즈를 재 주시겠습니까?
给我量一下尺寸，好吗?
게이 워 량 이 샤 츠 춘 호우 마

11. 다른 사이즈는 없습니까?
有没有别的号?
여우 메이 여우 비에 더 호우

12. 다른 색깔은 없습니까?
有没有别的颜色?
여우 메이 여우 비에 더 얜 써

13. 잠시 기다려 주십시오. 조사해 보겠습니다.
请稍等，我给您查一下。
칭 소우 덩 워 게이 닌 차 이 샤

14. 입어봐도 됩니까?
可以试穿吗?
커 이 쓰 촨 마

---

15. 다른 옷을 입어 봐도 됩니까?
可以试一试别的衣服吗?
커 이 쓰 이 쓰 비에 더 이 푸 마

---

16. 이 스웨터는 여성용입니까?
这毛衣是女式的吗?
쩌 모우 이 쓰 뉘 쓰 더 마

---

17. 이건 얼마입니까?
这个多少钱?
쩌 꺼 뚜오 소우 치엔

---

18. 전시되어 있는 자켓을 보여 주십시오.
请给我看一下那展示的夹克。
칭 게이 워 칸 이 샤 나 잔 쓰 더 쟈 커

---

19. 소재는 무엇입니까?
这是什么布料?
쩌 쓰 선 머 뿌 리아오

---

20. 면 100 퍼센트입니다.
是100%的棉。
쓰 바이펀즈바 더 미엔

---

21. 좀 끼는(헐렁한) 것 같습니다.
有点紧(宽松)。
여우 디엔 진 (콴 숭)

22. 어떤 스타일이 유행하고 있습니까?
现在流行什么样式?
씨엔 짜이 리우 싱 선머 양쓰

23. 좀 더 싼 것이 좋겠습니다.
再便宜一点就好了。
짜이 피엔 이 이 디엔 찌우 호우 러

24. 무얼 사고 싶습니까?
您想买什么?
닌 샹 마이 선 머

25. 이 스웨터를 사겠습니다.
我要买这毛衣。
워 요우 마이 쩌 모우 이

26. 아이들의 선물로 적당한 것 있습니까?
有没有适合孩子的礼物?
여우 메이 여우 쓰 허 하이 즈 더 리 우

27. 다른 찾고 있는 것이 있습니까?
还需要别的吗?
하이 쉬 요우 비에 더 마

28. 이것으로 충분합니다.
这个足够了。
쩌 꺼 주 꺼우 러

29. 이것과 같은 것은 있습니까?
有没有跟这一样的?
여우 메이 여우 껀 쩌 이 양 더

30. 이 디자인이 마음에 들지 않습니다.
我不喜欢这款式。
워 뿌 시 환 쩌 콴 쓰

31. 녹색이 더 좋군요.
我更喜欢绿色。
워 껑 시 환 뤼 써

32. 탈의실은 어디입니까?
更衣室在哪儿?
껑 이 쓰 짜이 날

33. 거울을 보여 주십시오.
请给照一下镜子。
칭 게이 쯔우 이 샤 찡 즈

34. 수선해 주시겠어요?
能给修改一下吗?
넝 게이 시우 가이 이 샤 마

35. 길이를 3센티미터 줄여 주시겠습니까?
能把长度缩短三公分吗?
넝 바 창 뚜 쑤어 두안 싼 꿍 펀 마

36. 오래 걸립니까?
需要很长时间吗?
쉬 요우 헌 창 스 지엔 마

37. 수선은 무료입니까?
免费修改吗?
미엔 페이 시우 가이 마

38. 세탁기로 빨아도 됩니까?
用洗衣机洗可以吗?
융 시 이 찌 시 커 이 마

39. 드라이 클리닝만 해 주십시오.
只能干洗。
즈 넝 깐 시

40. 이것은 무슨 브랜드입니까?
这是什么品牌?
쩌 쓰 선 머 핀 파이

41. 저한테 잘 어울립니까?
我穿合适吗?
워 촨 허 쓰 마

42. 어느 정도의 나이에 어울릴까요?
适合多大年纪?
쓰 허 뚜오 따 니엔 찌

43. 너무 야합니다.
有点太露了。
여우 디엔 타이 러우 러

상의	바지	양복	셔츠
上衣 쌍 이	裤子 쿠 즈	西服 시 푸	衬衫 천 산
블라우스	드레스	스커트	스웨터
女式宽大短大衣 뉘 쓰 콴 따 두안따 이	晚礼服 완 리푸	裙子 췬즈	毛衣 모우 이
가디건	스웨트 셔츠	티 셔츠	폴로 셔츠
羊毛衫 양 모우 산	毛衫 모우 산	T恤衫 티 쉬 산	马球衫 마 치우 산
청바지	타이	내의	양말
牛仔裤 니우 자이 쿠	领带 링 따이	内衣 네이 이	袜子 와 즈
스타킹	라운드 넥	브이 넥	깃
长筒袜 창 퉁 와	圆领 위엔링	V领 웨이링	领子 링 즈
큰	작은	헐렁한	꽉 끼는
大 따	小 시아오	宽松 콴 숭	紧 진
꼭 맞는	긴	짧은	화려한
大小合适 따 시아오 허 쓰	长 창	短 두안	华丽的 화 리 더
수수한	무늬	치수	반 소매
简单的 지엔 딴 더	花样 화 양	尺寸 츠 춘	半节袖 빤 지에 시우
신사복	숙녀복	아동복	긴 소매
男式服装 난 쓰 푸 좡	女式服装 뉘 쓰 푸 좡	儿童服装 얼 퉁 푸 좡	长袖 창 씨우
소매없는 옷			
没有袖的衣服 메이 여우 씨우 더 이 푸			

❸ 화장품

1. 샤넬 립스틱 29번을 찾고 있습니다.
我在找29号的香奈尔口红。

2. 그 번호는 품절입니다.
没有那个号。

3. 한국에서 팔고 있는 것과 같습니까?
跟韩国销售的一样吗?

4. 어떤 색이 유행하고 있습니까?
流行什么颜色?

5. 시험해 봐도 됩니까?
可以试一下吗?

6. 신제품은 발매되었습니까?
有上市的新产品吗?

7. 아이 섀도우는 있습니까?
有没有眼影?

8. 작은 선물용으로 좋은 것은 있습니까?

有没有好的小礼品?

여우 메이 여우 호우 더 시아오 리 핀

9. 색은 이것이 전부입니까?

就这些颜色吗?

찌우 쩌 시에 얜 서 마

10. 어떤 색을 좋아합니까?

喜欢什么颜色?

시 환 선 머 얜 써

11. 파운데이션은 어떤 색이 어울릴까요?

我适合什么颜色的隔离霜?

워 쓰 허 선 머 얜 써 더 거 리 수앙

12. 더 밝은 색은 있습니까?

有没有再亮一点的颜色?

여우 메이 여우 짜이 량 이 디엔 더 얜 써

13. 더 밝은(수수한) 색 립스틱은 있습니까?

有没有更亮(朴素)一点颜色的口红?

여우 메이 여우 껑 량(푸 수)이 디엔 얜 써 더 커우 훙

14. 인기있는 향수는 무엇입니까?

什么香水受欢迎?

선 머 샹 수이 서우 환 잉

15. 냄새가 강하지 않은 걸로 골라 주십시오.

给我挑一个味不太浓的。

게이 워 티아오 이 꺼 웨이 부 타이 눙 더

16. 이것과 같은 것이 있습니까?
有没有跟这个一样的?

17. 이것은 무슨 브랜드입니까?
这是什么牌子的?

18. 이 색과 비슷한 매니큐어를 골라 주십시오.
请给挑一个跟这个颜色差不多的指甲油。

19. 이것을 사고 싶습니다.
我想买这个。

실용단어

스킨 로션	밀크 로션	보습 크림	기초화장품
爽肤水 쑤앙 푸 수이	**奶液** 나이 예	**保湿霜** 보우스쑤앙	**基础化妆品** 지 추 화 좡 핀
립스틱	아이섀도우	마스카라	매니큐어
口红 커우 훙	**眼影** 얜 잉	**捷毛膏** 지에 모우 꼬우	**指甲油** 즈 쟈 여우
썬탠로션	썬탠오일	향수	비누
防晒霜 팡 싸이쑤앙	**防晒油** 팡 싸이 여우	**香水** 샹 수이	**肥皂** 페이 쪼우
밝은	어두운/진한	엷은	
亮 량	**浓** 눙	**薄** 보우	

④ 귀금속

브랜드 물건이나 명품 등 고가의 것을 구입할 때는 면세점이나 전문점, 백화점 등 신용할 수 있는 가게를 고른다. 특히 보석류는 보통 사람은 진품인지 모조품인지 구별이 곤란하므로 신용할 수 없는 가게의 싼 물건은 조심할 것.

1. 진열장 안의 것을 보고 싶습니다.
我想看展示台里的。
워 샹 칸 잔 쓰 타이 리 더

2. 그 목걸이를 보여 주십시오.
请给我看一下那项链。
칭 게이 워 칸 이 샤 나 샹 리엔

3. 진짜입니까?
是真的吗?
쓰 전 더 마

4. 약지 사이즈를 재 주시겠습니까?
能给我量一下无名指的尺寸吗?
넝 게이 워 량 이 샤 우 밍 즈 더 츠 춘 마

5. 보증서를 받을 수 있습니까?
能给保证书吗?
넝 게이 보우 쩡 수 마

6. 끼어 볼 수 있습니까?
可以试戴吗?
커 이 쓰 따이 마

7. 사이즈를 맞춰 주시겠습니까?
调一下大小行吗?
티아오 이 샤 따 시아오 싱 마

8. 페어 시계를 찾고 있습니다.
我在找情侣表。
워 짜이 쪼우 칭 리위 비아오

9. 예산은 100달러 정도입니다.
打算100美元左右。
다 쏸 이 바이 메이 위엔 쥐 여우

10. 이 보석(금속)은 무엇입니까?
这是什么宝石(金属)?
쩌 쓰 선 머 보우 스(찐 수)

11. 사파이어입니다.
是蓝宝石。
쓰 란 보우 스

12. 이 반지는 18금입니다.
这戒指是18K的。
쩌 지에 즈 쓰 스 바 케이 더

13. 심플한 디자인은 없습니까?
有没有简单一点的款式?
여우 메이 여우 지엔 딴 이 디엔 더 콴 쓰

14. 시계의 시간을 맞춰 주십시오.
请给我对表。
칭 게이 워 뚜이 비아오

15. 권할 만한 것으로 2~3개 보여 주십시오.

您认为可以的拿2~3个看一下吧。

닌 런 웨이 커 이 더 나 량 싼 꺼 칸 이 샤 바

---

16. 디지털 시계는 있습니까?

有数字手表吗?

여우 쑤 쯔 서우 비아오 마

---

17. 어떤 기능이 있습니까?

有什么功能?

여우 선 머 꿍 넝

---

18. 방수는 됩니까?

可以防水吗?

커 이 팡 수이 마

---

19. 어디서 만든 것입니까?

哪儿产的?

날 찬 더

반지	목걸이	귀걸이	브로치
戒指 찌에 즈	项链 샹 리엔	耳环 얼 환	胸针 시웅 쩐
순금	18금	백금	금도금
纯金 춘 찐	18K金 스 빠 케이 찐	白金 바이 찐	镀金 뚜 찐
(귀를 뚫은) 귀걸이			
耳环 얼 환			

5 가죽제품

1. 이 구두를 신어 보고 싶습니다.
   我想试一下这皮鞋。
   워 샹 쓰 이 샤 쩌 피 시에

2. 운동화 있습니까?
   有没有运动鞋?
   여우 메이 여우윈 뚱 시에

3. 여기에 나와 있는 것 뿐입니까?
   就这些吗?
   찌우 쩌 시에 마

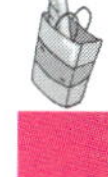

4. 세일품은 있습니까?
   有没有打折的商品?
   여우 메이 여우 다 저 더 쌍 핀

5. 부드러운 가죽이 좋습니다.
   我喜欢软皮。
   워 시 환 루안 피

6. 어떤 디자인이 유행하고 있습니까?
   现在流行什么款式?
   시엔 짜이 리우 싱 선 머 콴 쓰

7. 흠집이 나기 쉽습니까?
容易出毛病吗?
룽 이 추 모우 삥 마

8. 숄더백을 찾고 있습니다.
我在找肩包。
워 짜이 쪼우 지엔 빠우

9. 진짜 가죽입니까?
是真皮吗?
쓰 쩐 피 마

10. 발가락이 좀 낍니다.
有点儿夹脚。
유우 디엘 지야 지요

11. 잘 맞는 것 같습니다.
好像很合适。
호우 샹 헌 허 쓰

12. 뒷굽이 높은(낮은) 것 같습니다.
后跟好像太高(矮) 了。
허우 껀 호우 샹 타이 꼬우 (아이)러

13. 어떤 색을 좋아하세요?
喜欢什么颜色?
시 환 선 머 얜 써

14. 갈색을 좋아합니다.
我喜欢棕色。
워 시 환 쫑 써

15. 이것은 얼마입니까?
这个多少钱?
쩌 꺼 뚜오 소우 치엔

16. (구두끈이나 벨트가 길어서) 줄여 주시겠습니까?
能缩短吗?
넝 쒀 두안 마

17. 재질은 무엇입니까?
是什么料?
쓰 선 머 리아오

18. 이 구두는 좀 큽니다.
这皮鞋有点大。
쩌 피 시에 여우 디엔 따

실용단어

소가죽	가죽	악어 가죽	구두
牛皮 니우 피	**皮革** 피 거	**鳄鱼皮** 어 위 피	**皮鞋** 피 시에
하이 힐	운동화	부츠	핸드백
高跟 꼬우 껀	**运动鞋** 윈 뚱 시에	**长靴** 창 쉬에	**手提包** 서우 티 뽀우
숄더백	백	지갑(동전)	지갑(지폐)
肩包 지엔 뽀우	**包** 뽀우	**钱袋** 치엔 따이	**钱包** 치엔뽀우
벨트	수에드(가죽처럼 만든 천)		
腰带 요우 따이	**软羔皮** 루안 꼬우 피		

6 면세점

1. 한국인에게는 어떤 것이 인기가 있습니까?
对韩国人来说，什么受欢迎？
뚜이 한 궈 런 라이 슈오 선 머 서우 환 영

2. 이 지방의 특산품은 어떤 게 있습니까?
当地的特产都有些什么？
땅 띠 더 터 찬 떠우 여우 시에 선 머

3. 넥타이는 어디에 있습니까?
哪儿有领带？
날 여우 링 따이

4. 말아서 피우는 담배 있습니까?
有手卷烟吗？
여우 서우 쥐엔 얜 마

5. 어떤 종류의 시가가 있습니까?
有什么种类的烟？
여우 선 머 중 레이 더 얜

6. 한 갑에 얼마입니까?
一盒多少钱？
이 허 뚜오 소우 치엔

7. 선물용 위스키를 찾고 있습니다.
我在找当礼物用的威士忌酒。
워 짜이 쪼우 땅 리 우 용 더 웨이 쓰 찌 지우

8. 아버지께 드릴 선물을 찾고 있습니다.
我在找送给爸爸的礼物。
워 짜이 쪼우 숭 게이 빠 빠 더 리 우

9. 라이터는 어떻습니까?
打火机怎么样?
다 훠 찌 전 머 양

10. 50달러 정도의 것을 사고 싶습니다.
我想买大约50美元左右的。
워 샹 마이 따 위에 우 스 메이 위엔 쥐 여우 더

11. 이 세트는 낱개로 살 수 있습니까?
这一套能单个买吗?
쩌 이 토우 넝 딴 꺼 마이 마

브랜디	와인	샴페인	상표
白兰地	葡萄酒	香槟酒	商标
바이 란 띠	푸 토우 지우	샹 삔 지우	쌍 삐아오
시가	위스키	면세품	스카치 위스키
烟	威士忌	免税商店	苏格兰威士忌
얜	웨이 쓰 찌	미엔 쑤이 쌍 띠엔	수거란 웨이 쓰 찌

⑦ 계산하기

여행지에서는 신용카드나 여행자수표로 계산하는 것이 편리하다. 특히 신용카드는 ID(신분증명서)와 같은 역할을 하기 때문에 환영받는다. 그러나 서명을 하기 전에는 반드시 금액을 확인해 두자. 여행자 수표는 작은 가게에서는 받지 않는 경우도 있다. 시장 등에 가는 경우에는 사전에 현금을 준비해 두는 것이 좋다.

1. 이것을 사겠습니다.
我要买这个。
워 요우 마이 쩌 꺼

2. 전부 얼마입니까?
一共多少钱?
이 꿍 뚜오 소우 치엔

3. 출납계는 어디 있습니까?
收银台在哪儿?
서우 인 타이 짜이 널

4. 좀 더 싸게는 안 됩니까?
能再便宜点吗?
넝 짜이 피엔 이 디엔 마

5. 영수증을 주십시오.
请给发票。
칭 게이 파 피아오

6. 여행자 수표를 사용할 수 있습니까?
收旅行支票吗?
서우 뤼 싱 쯔 피아오 마

7. 한국으로 보내 주시겠습니까?
寄到韩国可以吗?
찌 또우 한 궈 커 이 마

8. 선물용으로 포장해 주십시오.
请用礼品纸包装。
칭 융 리 핀 즈 빠우 좡

9. 따로따로 포장해 주십시오.
请分别包装。
칭 펀 비에 빠우 좡

10. 이 금액은 1개의 값입니까?
这是单个的价格吗?
쩌 쓰 딴 꺼 더 쟈 거 마

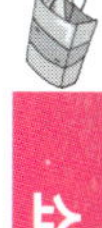

11. 거스름돈을 받지 못했습니다.
您还没给找钱。
닌 하이 메이 게이 쪼우 치엔

12. 계산이 틀린 것 같습니다.
帐好像出错了。
쨩 호우 샹 추 춰 러

13. 거스름 돈이 부족한 것 같습니다.
好像少给我找钱了。
호우 샹 소우 게이 워 쪼우 치엔 러

14. 80원 지불했습니다.
我给了80元。
워 게이 러 빠스 위엔

15. 다시 한 번 계산해 주시겠습니까?
能重新算一下吗?
넝 충 신 쏸 이 샤 마

16. 계산을 따로따로 해 주시겠습니까?
能分别给计算吗?
넝 펀 비에 게이 찌 쏸 마

17. 오늘의 환율은 얼마입니까?
今天的汇率是多少?
찐 티엔 더 후이 뤼 쓰 뚜오 소우

18. 영수증을 따로따로 발행해 주시겠습니까?
能分别开发票吗?
넝 펀 비에 카이 파 피아오 마

19. 여기에 사인을 하면 됩니까?
在这儿签行吗?
짜이 쩔 치엔 싱 마

20. 어떤 카드를 사용할 수 있습니까?
收什么卡?
서우 선 머 카

21. 물건을 따로 넣어 주십시오.
请分别装一下。
칭 펀 비에 쫭 이 샤

반품과 환불

물건을 산 경우에는 반드시 영수증을 받아 둔다. 단 영수증이 있다고 해서 반드시 반품 교환해 준다고 생각해서는 안 되므로 의복이나 구두를 사는 경우에는 반드시 입어보고 크기, 단추의 유무, 얼룩이나 훼손 등이 없는가를 확인해 두자. 또한 내용물이 바뀌는 경우도 있으므로 포장해 받는 경우에는 내용물 확인하는 것을 잊지 말 것. 식기 등의 깨지기 쉬운 물건을 한국으로 부치는 경우에는 특히 포장에 신경 쓸 것.

1. 이 물건을 반품(교환)하고 싶습니다.
这个我想退(换)。
쩌 꺼 워 샹 투이 (환)

2. 병이 깨졌습니다.
瓶碎了。
핑 쑤이 러

3. 여기가 깨졌습니다.
这儿裂开了。
쩔 리에 카이 러

4. 열어 보니 제가 산 것이 아닙니다.
打开一看，发现不是我买的。
다 카이 이 칸 파 시엔 부 쓰 워 마이 더

5. 영수증은 가지고 있습니다.
我有发票。
워 여우 파 피아오

6. 영수증을 받지 않았습니다.
我没拿发票。
워 메이 나 파 피아오

7. 전혀 사용하지 않았습니다.
根本没用。
껀 번 메이 융

8. 카드로 지불했습니다. 이것이 영수증입니다.
用卡付的，这是发票。
융 카 푸 더 쩌 쓰 파 피아오

9. 이 사이즈는 맞지 않습니다.
这个号码不合适。
쩌 꺼 호우 마 뿌 허 쓰

10. 망가졌습니다.
这个坏了。
쩌 꺼 화이 러

11. 이것을 사용할 수 없습니다.
这个用不了。
쩌 꺼 융 뿌 리아오

12. 다른 것을 골라 주십시오.
请给我找一下其他的吧。
칭 게이 워 쪼우 이 샤 치 타 더 바

13. 어째서 교환해 줄 수 없습니까?
为什么不能换?
웨이 선 머 뿌 넝 환

14. 이것을 교환하고 싶습니다.
这个我想换一下。
쩌 꺼 워 샹 환 이 샤

15. 환불이 됩니까?
可以退钱吗?
커 이 투이 치엔 마

16. 교환만 됩니다. 환불은 안 됩니다.
只能换，不能退钱。
즈 넝 환 뿌 넝 투이 치엔

중국의 할인(折)과 한국의 세일  

중국에서 折(저)는 할인을 말하는데 표현방법이 한국과 틀리다. 예컨대, 한국에서 10% 세일은 중국에서는 9折, 한국에서 20% 세일은 중국에서는 8折 등으로 표시한다.

● 중국에서 물건살 때 유의할 점

중국에서 쇼핑을 할 경우는 중국의 역사와 문화를 느낄 수 있는 공예품이나 한방관련 약, 차 등이 좋다. 또한 상점에 따라 가격 차이가 많이 나기 때문에 한 곳만을 돌아보고 사지 말고 여러 곳에서 가격과 품질을 확인해보고 사도록 한다. 중국에서는 관광객들에게 바가지를 씌우는 경향이 있지만, 국가에서 운영하는 국영상점은 정찰제를 실시하고 있다.

● 중국에서 쇼핑할 때

중국에서 쇼핑할 때는 무조건 값을 깎는 것이 좋다. 점원이 가격을 몇 배나 높여서 부르기 때문이다. 비싼 물건일 경우 처음 부른 가격의 30% 정도를 제시하고 흥정해야 한다.

쇼핑 목록 (Shopping List)

육류	肉类	러우 레이
청과류	水果类	수이 궈 레이
생선과 해산물	鱼类和海产品	위 레이 허 하이 찬 핀
농산물	农产品	눙 찬 핀
유제품	乳制品	루즈 핀
곡류	谷类食品	구레이 스핀
냉동식품	冷冻食品	렁 뚱 스 핀
향신료	香料	시앙 리아오
청량음료	清凉饮料	칭량 인 랴오
욕실용품	洗浴用品	시위용핀
가정용품	家庭用品	찌아 팅 용핀
문방구류	文具类	윈 쮜 레이
주류	酒类	쥬우 레이
의류	服装	푸 주앙
건강식품	保健食品	바오 찌엔 스 핀

Shopping List

전화 · 우편

① 전화

중국에서 전화를 하다 보면 한국과 다른 점이 있는데, 한국에서는 전화를 하면 "여보세요" 아니면 "여기는 어디어디입니다."라고 합니다. 중국도 대부분 이렇게 말을 하지만 개인 가정집의 경우는 전화를 받자 마자 "누구세요" 혹은 "말씀 하세요" 하고 이야기를 합니다. 경우에 따라서는 불친절하게 들릴 수도 있는데, 언어습관이므로 불쾌해 할 필요는 없을 것 같습니다.

1. 공중전화는 어디 있습니까?
公用电话在哪儿?
꿍 융 띠엔 화 짜이 날

2. 얼마를 넣어야 합니까?
得投多少钱?
데이 터우 뚜오 소우 치엔

3. 돈을 먼저 넣어야 합니까?
先投币吗?
시엔 터우 삐 마

4. 미안하지만 잔돈이 없는데요.
对不起，没有零钱。
뚜이 뿌 치 메이 여우 링 치엔

5. 전화번호부는 있습니까?
有电话号码本吗?
여우 띠엔 화 호우 마 번 마

6. 장성 호텔의 전화번호를 알고 싶습니다.
我想查一下长城宾馆的电话号码。
워 샹 차 이 샤 창 청 삔 관 더 띠엔 화 호우 마

7. 전화 거는 법을 모릅니다.
我不知道怎么打电话。
워 뿌 즈 또우 전 머 다 띠엔 화

8. 왕강 있습니까?
王强在吗?
왕 창 짜이 마

9. 왕강입니다.
我是王强。
워 쓰 왕 창

10. 578호의 이 선생님을 부탁합니다.
我可以和578号的李先生通话吗?
워 커 이 허 우 치 빠 호우 더 리 시엔 셩 퉁 화 마

11. 여보세요, 대한항공입니까?
喂，是大韩航空吗?
웨이 쓰 따 한 항 쿵 마

12. 김선생 댁입니까?
是金先生家吗?
쓰 찐 시엔 셩 쟈 마

13. 연결해 주시겠습니까?
能给我接通吗?
넝 게이 워 지에 퉁 마

14. 이 선생님께 메시지를 남길 수 있습니까?
可以给李先生留言吗?
커 이 게이 리 시엔 성 리우 얜 마

15. 김단에게서 전화가 왔었다고 전해 주십시오.
请转告一下，金丹打过电话了。
칭 좌안꼬우 이 샤 찐 딴 다 꿔 띠엔 화 러

16. 통화중입니다.
占线。
짠 시엔

17. 좀 크게 말해 주십시오.
请大声说。
칭 따 성 슈오

18. 나중에 다시 걸겠습니다.
我晚些再打吧。
워 완 시에 짜이 다 바

통화의 종류

○ **번호통화** (Station-to-station Call)
전화를 받는 사람이 정해져 있는 경우나 아무나 받아도 되는 경우. 상대방의 전화번호만을 지정.

○ **지명통화** (Person-to-person Call)
특정인하고만 통화하고자 하는 경우. 상대의 전화번호와 이름을 지정.

○ **콜렉트콜** (Collect Call)
받는 쪽에서 요금을 낸다고 하면 통화할 수 있다.

○ **국제 다이얼 통화** (International Direct Dialing)
외국어를 사용하지 않고 호텔 방 등에서 직접 걸고 싶은 경우. 공중전화에서는 International이라는 표
시가 있는 경우.

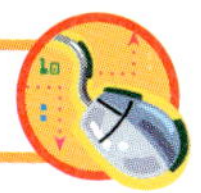

공중전화	公用电话	꽁 용 띠엔 화
전화박스	电话亭	띠엔 화 팅
수화기	听筒	팅 퉁
전화번호	电话号码	띠엔 화 하오 마
다이얼	拨号盘	뽀 하오 판
교환원	电话接线员	띠엔 화 찌에 시엔 위엔
국가번호	国家代码	궈 지아 따이 마
지역번호	地区号	띠 취 하오
구내전화선	电话分机	띠엔 화 펀 찌
번호안내	电话号码查询	띠엔 화 하오 마 차 쉰
보통통화	一般通话	이 빤 퉁 화
긴급전화	紧急电话	진 지 띠엔 화
시내통화	市内电话	스 네이 띠엔 화
장거리통화	长途电话	창 투 띠엔 화
국제전화	国际长途	궈 찌 창 투
콜렉트콜	对方付款	뚜이 팡 푸 콴
지명통화	提名通话	티 밍 퉁 화

긴급 전화번호

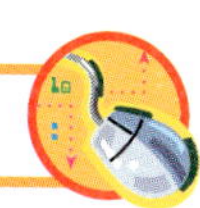

- 주중국대사관(당직실) ● TEL : 1360-103-0178
- 주중국대사관(영사부) ● 주간 TEL : (010)6532-6774~5
  야간 TEL : 1360-111-7474
- 한국인회(교민안전 콜센터) ● 주간 TEL : (010)6478-952618
  ● 야간 TEL : 1370-120-0593
- 주상해총영사관 ● TEL : 1381-758-0320
- 주광주총영사관 ● TEL : 1392-518-5387
- 주청도총영사관 ● TEL : 1390-639-0208
- 주심양총영사관 ● TEL : 1390-400-63881, 7797

외국에서 국제전화를 거는 방법은 4가지. 요금이 적은 순서대로 적어 보면 국제 다이얼 통화(교환을 통하지 않는 직통전화), 번호통화(스테이션 콜), 지명통화(퍼슨 투 퍼슨), 콜렉트 콜(수신자 부담 통화). 상대 국가의 시차를 고려해서 전화할 것.

1. 이 전화로 국제전화를 걸 수 있습니까?
用这个电话可以打国际长途吗?
융 쩌 꺼 띠엔 화 커 이 다 궈 찌 창 투 마

2. 국제전화를 걸고 싶습니다.
我想打国际长途。
워 샹 다 궈 찌 창 투

3. 서울에 번호통화를 부탁합니다.
我要首尔的号码通话。
워 요우 소우 얼 더 호우 마 통 화

4. 지역번호는 02입니다.
区号是02。
취 호우 쓰 링 얼

5. 번호는 1234-5678입니다.
电话号码是1234 5678。
띠엔 화 호우 마 쓰 이 얼 싼 쓰 우 리우 치 빠

6. 지명통화로 부탁합니다.
我要提名通话。
워 요우 티 밍 퉁 화

7. 콜렉트콜로 서울 02-1234-5678을 불러 주십시오.
我要给首尔打对方付费电话，号码是02 1234 5678。
워 요우 게이 소우 얼 다 뚜이 팡 푸 페이 띠엔 화 호우 마 쓰 링 얼 이 얼 싼 쓰 우 리우 치 빠

8. 통화가 끝나면 요금을 알려 주십시오.
等我打完电话，告诉我费用是多少。
덩 워 다 완 띠엔 화 꼬우 쑤 워 페이 융 쓰 뚜오 소우

9. 통화가 끊겼습니다.
电话段了。
띠엔 화 뚜안 러

10. 다시 연결해 주시겠습니까?
能重新接通吗?
넝 충 신 지에 퉁 마

11. 국제전화 교환을 연결해 드리겠습니다.
给您接通国际长途接线台。
게이 닌 지에 퉁 궈 찌 창 투 지에 시엔 타이

12. 일단 수화기를 놓고 기다리십시오. 나중에 전화 드리겠습니다.
请您先槊断电话，我晚些再给您打。
칭 닌 씨엔 꽈 뚜안 띠엔 화 워 완 시에 짜이 게이 닌 다

13. 신청한 국제전화는 아직 연결되지 않았습니까?
我要的国际长途还没有接通吗?
워 요우 더 궈 찌 창 투 하이 메이 여우 지에 퉁 마

14. 연결하려 했지만 통화중입니다.

我试着接通呢，正占线。

워 쓰 저 지에 퉁 너 쩡 짠 시엔

15. 다시 한 번 걸어 주십시오.

请再打一次吧。

칭 짜이 다 이 츠 바

실용단어

시내전화	장거리전화	국제전화
市内电话 스 네이 띠엔 화	**长途电话** 창 투 띠엔 화	**国际电话** 궈 찌 띠엔 화
직통전화	콜렉트 콜	지명통화
直通电话 즈 퉁 띠엔 화	**对方付款电话** 뚜이 팡 푸 콴 띠엔 화	**提名通话** 티 밍 퉁 화
번호통화	내선	전화번호
号码通话 호우 마 퉁 화	**内线** 네이 시엔	**电话号码** 띠엔 화 호우 마
지역번호	긴급전화	고장
区号 취 호우	**紧急电话** 진 지 띠엔 화	**故障** 꾸 짱
교환	전화번호부	
电话接线员 띠엔 화 지에 시엔 위엔	**电话号码本** 띠엔 화 호우 마 번	

국제전화 식별번호

국제전화를 거는 요령
1. 한국의 국가 번호(82)
2. 한국의 시외국번(첫 자리의 0은 뺀다)
3. 거는 전화번호 (예) 미국에서 서울 02-721-7624로 걸 경우에는 001-82-2-721-7624가 된다.

국가	식별번호	국번호
한국	001	82
일본	001	81
미국	011	1
캐나다	011	1
호주	0011	61
영국	010	44
프랑스	19	33
이탈리아	00	39
스페인	07	34
그리스	00	30
스위스	00	41

국가	식별번호	국번호
독일	00	41
오스트리아	900 또는 00	43
이집트	00	20
인도	00	91
태국	001	66
인도네시아	00	62
말레이시아	007	60
홍콩	001	852
중국	00	86
대만	002	886

전화 걸기

1. 중국에서 우리 나라로 전화할 때

국제 인식번호인 00과 한국의 국가번호(82)-0을 뺀 지역번호-걸고자 하는 곳의
전화번호 순으로 누르면 된다.
예) 서울 123-4567로 통화시 : 00-82-2-123-4567

호텔에서 건다면 호텔의 외선번호를 먼저 누른 뒤에 이 번호를 누른다.
호텔전화의 경우, 기본 전화요금에 호텔의 서비스요금이 10~15% 정노 주가된다.

2. 우리 나라에서 중국으로 전화할 때

001(또는 002)-86(국가번호)-지역번호-전화번호

">

③ 우편

그림엽서 한 장일지라도 여행지에서의 편지는 받는 사람을 기쁘게 해 준다. 호텔 방에 있는 엽서나 편지지를 사용해서 간단히 편지를 보낼 수도 있다. 우표는 호텔 프론트에서 사거나 기념우표 등을 구입하고자 하는 사람은 우체국에 가 보는 것도 좋다. 주소를 쓸 때 한국으로 보내는 경우에는 한국어로 쓰고 마지막에 영어로 Seoul, KOREA라고 명기한다. 항공우편을 나타내는 AIR MAIL도 잊지 않도록.

1. 우체국(우체통)은 어디 있습니까?
邮局（邮筒）在哪儿？
여우 쥐 (여우 퉁) 짜이 날

2. 우표(엽서)는 어디서 살 수 있습니까?
在哪儿可以买邮票（明信片）？
짜이 날 커 이 마이 여우 피아오 (밍 씬 피엔)

3. (호텔 프론트에서) 이 엽서를 부쳐 주시겠습니까?
能寄这明信片吗？
넝 찌 쩌 밍 씬 피엔 마

4. 한국에 팩스를 보내고 싶습니다.
我想往韩国发传真。
워 샹 왕 한 궈 파 촨 쩐

5. 항공편(선편)으로 부탁합니다.
请空运（船运）。
칭 쿵 윈 (촨 윈)

6. 속달(등기우편)로 부탁합니다.
请给我寄快件(挂号)。
칭 게이 워 찌 콰이 찌엔 (꽈 호우)

7. 얼마나 걸립니까?
需要多长时间?
쉬 요우 뚜오 창 스 지엔

8. 이렇게 쓰는 게 맞습니까?
这样写对吗?
쩌 양 시에 뚜이 마

9. 항공우편을 5장 주십시오.
请给5张航空邮件。
칭 게이 우 짱 항 쿵 여우 찌엔

10. 중량 제한이 있습니까?
限制重量吗?
씨엔 쯔 쭝 량 마

11. 이 소포에 보험을 들어 주십시오.
请给包裹入保险。
칭 게이 뽀우 궈 루 보우 시엔

12. 이 소포를 착불로 보내 주십시오.
请把包裹寄对方付费。
칭 바 뽀우 궈 찌 뚜오 푸 페이

13. 지급 전보로 부탁합니다.
我要发急电。
워 요우 파 지 띠엔

14. 전보 쓰는 법을 잘 모릅니다.
我不知道怎样写电报。
워 뿌 즈 따오 전 양 시에 띠엔 뽀우

15. 이 소포를 한국으로 보내고 싶습니다.
我要把包裹寄到韩国。
워 요우 바 뽀우 궈 찌 따오 한 궈

16. 내용물은 무엇입니까?
里面是什么?
리 미엔 쓰 선 머

17. 의류입니다.
是服装。
쓰 푸 좡

18. 세관신고서 용지를 주십시오.
请给海关申报单。
칭 게이 하이 꾸안 선 뽀우 딴

19. 깨지는 물건이 있습니까?
有易碎品吗?
여우 이 쑤이 핀 마

20. 항공편입니까, 선편입니까?
是空运，还是船运?
쓰 쿵 윈 하이 쓰 챤 윈

21. 선편으로 보내면 한국까지 얼마나 걸립니까?
船运到韩国需多长时间?
챤 윈 따오 한 궈 쉬 뚜오 창 스 지엔

○ 편지 · 엽서

- 중국에서는 겉봉투에 쓰는 방법이 우리나라와 반대이다. 받는 사람이 좌측상단에 보내는 사람이 우측 하단이다.

- 외국의 우표는 한국보다 큰 것이 많으므로 우선 엽서나 봉투에 붙이고 나서 편지를 쓰도록 한다.

- 자동판매기에서 우표를 사면 수수료가 들기 때문에 우체국에서 사는 것이 싸다.

- 한국으로 우송하는 경우에는 겉봉의 이름은 한국어로 써도 좋지만, 국명은 반드시 Seoul, Korea라고 영문으로 적을 것.

- 항공편인 경우에는 붉은 글씨로 AIR MAIL, 선편이라면 SEA MAIL이라고 쓴다. 속달인 경우에도 붉은 글자로 EXPRESS라고 써 넣을 것.

○ 소포

- 보내는 사람의 주소는 작게 쓴다. 수취인은 한국어, 영어 어느 것으로 써도 좋다. 한국어로만 쓸 경우에도 국명은 반드시 영어로 Seoul, Korea라고 쓴다. 신문이나 잡지, 팜플렛 등 인쇄물만을 보낼 경우에는 PRINTED MATTER라고 쓰면 서적 소포로 취급하므로 저렴하게 보낼 수 있다. 파손되기 쉬운 물건이 들어 있으면 HANDLE WITH CARE(취급주의) 또는 FRAGILE(깨지는 것)이라고 눈에 잘 띄게 써 둔다.

- 항공편이면 AIR MAIL, 선편이면 SEA MAIL이라고 붉은 글자로 쓴다. 소포는 직접 우체국에 가지고 간다. 택배편인 경우에는 현지 영업소나 호텔 프론트에서 처리해 달라고 하면 된다.

전화 · 우편

우체국	우체통	우표	소포
邮局	邮筒	邮票	包裹
여우 쥐	여우 퉁	여우 피아오	뽀우 궈
우편엽서	봉투	등기우편	항공편
明信片	信封	桀号	空运
밍 씬 피엔	씬 펑	꽈 호우	쿵 윈
선편	속달	전보	
船运	快件	电报	
촨 윈	콰이 찌엔	띠엔 뽀우	

중국의 세계문화유산

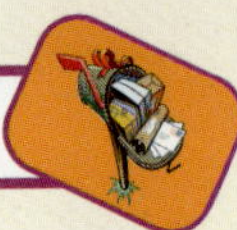

중국의 세계문화유산 (30곳)

1. 명·청대궁전 : 자금성

2. 주구점의 북경원인유적

3. 태산 (1987)

4. 만리장성 (1987)

5. 진시황릉 (1987)

6. 돈황의 막고 굴 (1987)

7. 황산 (1990)

8. 무릉원의 자연경관 및 역사지구 (1992)

9. 구채구 자연경관 및 역사지구 (1992)

10. 황룡 자연경관 및 역사지구 (1992)

11. 청대의 유하산장 (1994)

12. 라사의 포탈라 궁 (1994)

13. 곡부(曲阜)의 공자 유적 (1994)

14. 무당산의 고대 건축물군 (1994)

15. 노산(盧山) 국립공원 (1996)

16. 아미산(峨眉山)과 낙산 대불(樂山 大佛) (1996)

17. 핑야오 고대도시 (1997)

18. 소주(蘇州) 전통정원 (1997)

19. 리지앙 고대마을 (1997)

20. 이화원(頤和園) (1998)

21. 천단(天壇) (1998)

22. 무이산(武夷山) (1999)

23. 대족(大足) 암각화 (1999)

24. 친청산과 듀장안 용수로 시스템 (2000)

25. 안휘-시디와 홍춘 고대마을 (2000)

26. 용문석굴 (2000)

27. 명과 청 시대의 황릉 (2000)

28. 운강굴 (2001)

29. 운남성 삼강보호지역 (2003)

30. Capital Cities and Tombs of the Ancient Koguryo Kingdom

관광

① 관광 안내소

여행지에서 그 나라 또는 거리의 여행정보를 얻으려면 공항 또는 시내에 있는 관광 안내소를 방문하는 것이 가장 편리하다. 그곳에서 호텔이나 레스토랑의 안내도 받을 수 있다. 각종 관광여행의 소개, 극장의 예약, 교통기관의 이용법 등 현지와 밀접한 정보를 얻을 수 있다. 무료 지도나 팜플렛도 준비되어 있으며 그외 여러 가지 여행자를 위한 상담도 해주고 있다.

1. 관광에 참가하고 싶습니다.
我想参加旅游。
워 샹 찬 쟈 뤼 여우

2. 관광 안내소는 어디입니까?
旅游服务中心在哪儿?
뤼 여우 푸 우 쭝 씬 짜이 날

3. 여기에서 관광여행을 신청할 수 있습니까?
在这儿可以申请旅游吗?
짜이 쩔 커 이 선 칭 뤼 여우 마

4. 관광 안내서를 얻을 수 있습니까?
能给个旅游手册吗?
넝 게이 꺼 뤼 여우 서우 처 마

5. 이 도시의 지도가 있습니까?
有这城市的地图吗?
여우 쩌 청 스 더 띠 투 마

6. 한국어 가이드가 동행합니까?
懂韩国语的导游一起去吗?

7. 가이드는 무슨 언어를 씁니까?
导游说哪种语言?

8. 이 도시에서 가장 멋진 관광지는 어디입니까?
这城市最好的旅游景点是哪儿?

9. 한국어로 된 팜플렛이 있습니까?
有没有韩国语的小册子?

10. 어떤 관광이 있습니까?
有什么旅游?

11. 어느 관광이 가장 재미있습니까?
哪个旅游最有意思?

12. 이 관광에서는 어떤 명소를 구경합니까?
这一旅程中能看到什么旅游胜地?

13. 하루 관광을 가르쳐 주십시오.
请说一下有关一日游。

14. 하루 관광표를 살 수 있습니까?
可以买一日游的票吗?
커 이 마이 이 르 여우 더 피아오 마

15. 5시간 코스에는 어떤 것이 있습니까?
5个小时的游程都有些什么?
우 꺼 시아오 스 더 여우 청 떠우 여우 시에 선 머

16. 만리장성 관광은 있습니까?
有没有去万里长城的旅程?
여우 메이 여우 취 완 리 창 청 더 뤼 청

17. 야간 관광은 있습니까?
有夜景旅游吗?
여우 예 징 뤼 여우 마

18. 배로 하는 관광은 있습니까?
有坐船旅游吗?
여우 쭈오 촨 뤼 여우 마

19. 어디서 모입니까?
在哪儿集合?
짜이 날 지 허

20. 몇 시에 해산합니까?
几点解散?
지 디엔 지에 싼

21. 관광요금에는 식사요금도 포함되어 있습니까?
旅游费用里包含餐费吗?
뤼 여우 페이 융 리 빠우 한 찬 페이 마

22. 관광 중에 자유행동을 할 수 있습니까?
旅游中可以自由行动吗?
뤼 여우 쭝 커 이 쯔 여우 싱 뚱 마

23. 쇼핑할 시간은 있습니까?
有没有购物时间?
여우 메이 여우 꺼우 우 스 지엔

24. 요금은 한 사람당 얼마입니까?
一个人的费用是多少?
이 꺼 런 더 페이 융 쓰 뚜오 소우

25. 내일 이 관광에 예약하고 싶습니다.
我想预定明天的这一观光。
워 샹 위 띵 밍 티엔 더 쩌 이 관 광

26. 시내 버스관광은 있습니까?
有没有市内汽车旅游?
여우 메이 여우 스 네이 치 처 뤼 여우

27. 이 관광은 매일 있습니까?
这一旅游每天都有吗?
쩌 이 뤼 여우 메이 티엔 떠우 여우 마

28. 정원은 몇 명입니까?
可以去多少人?
커 이 취 뚜오 소우 런

29. 가장 짧은 관광은 몇 시간입니까?
最短的旅游是几个小时?
쭈이 두안 더 뤼 여우 쓰 지 꺼 시아오 스

30. 출발 시간은 몇 시입니까?

几点出发?

지 디엔 추 파

---

31. 이 관광에서는 점심은 어디서 먹습니까?

这一旅游午饭在哪儿吃?

쩌 이 뤼 여우 우 판 짜이 날 츠

---

32. 택시로 관광할 수는 있습니까?

可以坐出租旅游吗?

커 이 쭈오 추 쭈 뤼 여우 마

시내지도	노선도	관광	유람선
市内地图 스 네이 띠 투	路线图 루 시엔 투	旅游 뤼 여우	游船 여우 촨
예약	집합시간	해산시간	장소
预定 위 띵	集合时间 지 허 스 지엔	解散时间 지에 싼 스 지엔	场所 창 쉬
점심제공	추천	관광 요금	반나절 관광코스
供午饭 꽁 우 판	推荐 투이 찌엔	旅游费用 뤼 여우 페이 융	半日游 빤 르 여우
1일 관광코스	오전 관광	오후 관광	밤 관광
一日游 이 르 여우	上午游 쌍 우 여우	下午游 샤 우 여우	夜间游 예 지엔 여우
관광 안내소		관광안내 팜플렛	
旅游服务中心 뤼 여우 푸 우 쭝 씬		导游手册 도우 여우 서우 처	

② 관광지

공원이나 박물관 등을 방문할 때에는 에티켓을 지킬 것. 특히 큰 소리로 떠들거나 전시물에 함부로 손을 대는 등 타인에게 불쾌감을 주는 행동을 삼가하고 주위에 빈축을 사는 행동은 하지 않는다.

1. 입장료는 얼마입니까?
门票多少钱?
먼 피아오 뚜오 소우 치엔

2. 몇 시까지 개관합니까?
开到几点?
카이 또우 지 디엔

3. 여행객용 팜플렛은 있습니까?
有供游客用的旅游手册吗?
여우 꿍 여우 커 융 더 뤼 여우 서우 처 마

4. 화장실은 어디입니까?
卫生间在哪儿?
웨이 성 찌엔 짜이 날

5. 볼 만한 재미있는 것들을 가르쳐 주십시오.
请告诉我可旅游的有趣地方。
칭 꼬우 쑤 워 커 뤼 여우 더 여우 취 띠 팡

6. 기념품점은 있습니까?
有没有纪念品商店?
여우 메이 여우 찌 니엔 핀 쌍 띠엔

7. 가방들을 맡아 주시겠습니까?

能把包保管一下吗?

넝 바 빠우 보우 관 이 샤 마

---

8. 아무나 들어갈 수 있습니까?

可以随便进去吗?

커 이 수이 삐엔 찐 취 마

---

9. 내부를 견학할 수 있습니까?

可以参观一下内部吗?

커 이 찬 관 이 샤 네이 부 마

입장료	수하물 임시보관소	팜플렛	
门票	行李寄存处	小册	
먼 피아오	싱 리 찌 춘 추	시아오 처	
입구	출구	기념품점	우편엽서
入口	出口	纪念品店	明信片
루 커우	추 커우	찌 니엔 핀 띠엔	밍 씬 피엔
화장실	공중전화	택시정류장	버스정류장
卫生间	公用电话	出租车停车场	汽车站
웨이 성 찌엔	꿍 융 띠엔 화	추 쭈 처 팅 처 창	치 처 짠
역 휴게소	안내소	매표소	
候车室	服务台	售票处	
허우 처 쓰	푸 우 타이	서우 피아오 추	
출입금지	가이드	무료	할인
禁止出入	导游	免费	打折
찐 즈 추 루	도우 여우	미엔 페이	다 저

③ 사진

1. 여기서 사진을 찍어도 됩니까?
在这儿可以照相吗?
짜이 쩔 커 이 쪼우 샹 마

2. 플래시를 터뜨리지 않으면 괜찮습니다.
不用闪光灯的话可以。
부 융 산 광 떵 더 화 커 이

3. 플래시와 삼각대는 사용금지입니다.
禁止使用闪光灯和三角架。
찐 즈 스 융 산 광 떵 허 싼 지아오 쟈

4. 제 사진을 찍어 주시겠습니까?
能给我照张相吗?
넝 게이 워 쪼우 짱 샹 마

5. 여기에서 우리를 찍어 주시겠습니까?
在这儿能给我们照张相吗?
짜이 쩔 넝 게이 워 먼 쪼우 짱 샹 마

6. 당신과 함께 사진을 찍어도 되겠습니까?
我可以和您照相吗?
워 커 이 허 닌 쪼우 샹 마

7. 셔터를 누르기만 하면 됩니다.
按一下快门就可以。
안 이 샤 콰이 먼 찌우 커 이

8. 저 장소를 배경으로 넣어 주십시오.
请以那个场所为背景。
칭 이 나 꺼 창 쉬 웨이 뻬이 징

9. 빨간 불이 들어오면 셔터를 눌러 주십시오.
红灯亮的话，请按一下快门。
훙 떵 량 더 화 칭 안 이 샤 콰이 먼

10. 컬러 필름 팝니까?
有彩色胶卷吗?
여우 차이 써 찌아오 쥐엔 마

11. 몇 장 짜리를 원하십니끼?
需要多少张的?
쉬 요우 뚜오 소우 짱 더

12. 이런 종류의 건전지 있습니까?
有这种电池吗?
여우 쩌 중 띠엔 츠 마

13. 비디오를 찍어도 됩니까?
可以录像吗?
커 이 루 샹 마

14. 사진을 찍기에 적당한 장소는 없습니까?
有没有拍照的好场所?
여우 메이 여우 파이 쪼우 더 호우 창 쉬

④ 미술관·박물관

미술관이나 박물관 등에서 사진을 찍으면 경비원이 주의를 주는 경우가 있다. 경우에 따라서는 필름을 압수당하는 일이 일어날 수도 있다. 사진을 찍고 싶을 때에는 촬영이 가능한지 먼저 확인한다. 또한 함부로 다른 사람에게 카메라를 들이대는 것은 매너에도 어긋나므로 주의한다.

1. 입장료는 얼마입니까?
门票多少钱？
먼 피아오 뚜오 소우 치엔

2. 성인 2장 주십시오.
请给2张成人票。
칭 게이 량 짱 청 런 피아오

3. 휴게실(흡연실)은 어디입니까?
休息室（吸烟室）在哪儿？
시우 시 쓰 (씨 앤 쓰) 짜이 날

4. 안내지도를 주십시오.
请给介绍图。
칭 게이 찌에 소우 투

5. 안내해 주실 분은 있습니까?
有可以当导游的人吗？
여우 커 이 땅 도우 여우 더 런 마

6. 이 미술관(박물관)에는 어떤 작품이 있습니까?
这美术馆(博物馆)里有什么作品？
쩌 메이 수 관 (버 우 관) 리 여우 선 머 쭈오 핀

7. 이것은 누구 작품입니까?
这是谁的作品？
쩌 쓰 수이 더 쭈오 핀

8. 지금 무슨 특별한 전시를 하고 있습니까?
现在有什么特别的展览吗？
시엔 짜이 여우 선 머 터 비에 더 잔 란 마

9. 관람로는 여기가 맞습니까?
这儿是正确的观览路线吗？
쩔 쓰 쩡 취에 더 관 란 루 시엔 마

10. 이 작품은 언제 것입니까?
这是什么时候的作品？
쩌 쓰 선 머 스 허우 더 쭈오 핀

11. 폐관은 몇 시입니까?
几点闭馆？
지 디엔 삐 관

12. 휴관일을 가르쳐 주십시오.
请告诉我什么时候休馆。
칭 꼬우 쑤 워 선 머 스 허우 시우 관

13. 봐야 할 작품이 있으면 소개해 주시겠습니까?
如果有我应看的作品的话，能介绍一下吗？
루 궈 여우 워 잉 칸 더 쭈오 핀 더 화 넝 찌에 소우 이 샤 마

14. 팜플렛은 있습니까?
有介绍书吗?
여우 찌에 소우 수 마

15. 매점에 있습니다.
商店里有。
쌍 띠엔 리 여우

16. 관내 관광은 있습니까?
有没有馆内旅游?
여우 메이 여우 관 네이 뤼 여우

17. 한국어를 하는 분은 없습니까?
没有懂韩国语的人吗?
메이 여우 둥 한 궈 위 더 런 마

18. 엽서는 있습니까?
有明信片吗?
여우 밍 씬 피엔 마

19. 그것은 몇 시부터입니까?
那个几点开始?
나 꺼 지 디엔 카이 스

20. 시간은 얼마나 걸립니까?
需要多长时间?
쉬 요우 뚜오 창 스 지엔

중국의 명산

중국은 땅이 넓고 산수가 수려하여 명산들이 많다. 명나라 여행가인 서하객은 "오악을 보지 않았다면 산을 보지 않은 것이요, 황산에 가보지 않았다면 오악을 본 것이 아니다"(五岳归来不看山,黄山归来不看岳)라는 시구를 남겼다. 이는 "오악"이라는 5대 명산이 웅장하고 아름답지만 그보다 더 웅장하고 수려한 곳이 바로 황산이라는 뜻이나.
오악은 동악 태산(泰山), 서악 화산(华山), 남악 형산(衡山), 북악 항산(恒山), 중악 숭산(嵩山)으로 구성되어 있다. 황산(黄山)은 안휘성(安徽省)에 위치하고 있고 세계자연문화유산 중의 하나이며 구름바다로 유명하다. 그 외에 불교 명산으로 보타산(普陀山)이 있고, 도교 명산으로는 청성산(清城山)이 있으며, 관광명산으로 짱쟈찌에(张家界)가 있다.

21. 이 입장권으로 모든 전시를 볼 수 있습니까?
用这门票可以看所有展示吗?
융 쩌 먼 피아오 커 이 칸 쉬 여우 잔 스 마

22. 오늘 입관 할인은 있습니까?
今天有没有入馆打折?
찐 티엔 여우 메이 여우 루 관 다 저

입장료	개관 시간	폐관 시간	무료 팜플렛
门票 먼 피아오	开馆时间 카이 관 스 지엔	闭馆时间 삐 관 스 지엔	免费手册 미엔 페이 서우 처
특별전	작품	작가	회화
特别事件 터 비에 쓰 찌엔	作品 쭈오 핀	作家 쭈오 쟈	绘画 후이 화
조각	출토품	시대	
雕塑 띠아오 쑤	出土品 추 투 핀	时代 스 따이	

⑤ 공연

경극(京劇)은 해외에서도 '북경오페라' 로 알려진 그 독특한 예술성으로 높은 평가를 받고 있는 중국의 전통 연극이다. 경극은 이 그름에서 알 수 있듯이 북경에서 시작된 것인데 노래, 대사, 동작, 액션 등으로 구성되는 형식연극으로 노래가 중시되고 무용에 가까운 동작은 격렬하면서도 아름답다. 호궁과 징, 북을 중심으로 한 반주의 선율과 리듬이 극치를 이룬다.

1. 근처에 연극 가이드는 있습니까?
附近有剧场导游吗?
푸 찐 여우 쥐 창 도우 여우 마

2. 문화 극장은 어디 입니까?
文化剧场在哪儿?
원 화 쥐 창 짜이 날

3. 오늘 표 있습니까?
有今天的票吗?
여우 찐 티엔 더 피아오 마

4. 표는 어디에서 구입할 수 있습니까?
在哪儿可以买到票?
짜이 날 커 이 마이 또우 피아오

5. 오늘 밤엔 어떤 것을 공연합니까?
今天晚上演什么剧?
찐 티엔 완 쌍 얜 선 머 쥐

6. 경극을 공연하고 있습니까?
在演京剧吗?
짜이 얜 찡 쥐 마

7. 누가 출연하고 있습니까?
演员是谁?
얜 위엔 쓰 수이

8. 제일 비싼(싼) 자리는 얼마입니까?
最贵(最便宜)的座位是多少?
쭈이 꾸이 (쭈이 피엔 이) 더 쭈오 웨이 쓰 뚜오 소우

9. 입석만 있습니다.
只有站座。
즈 여우 짠 쭈오

10. 가능하면 무대를 정면으로 볼 수 있는 자리를 부탁합니다.
可能的话，请给舞台前方的位置。
커 넝 더 화 칭 게이 우 타이 치엔 팡 더 웨이 즈

11. 팜플렛을 주십시오.
请给个小册子可以吗?
칭 게이 꺼 시아오 처 즈 커 이 마

12. 몇 시에 시작합니까? / 몇 시 쯤에 끝납니까?
几点开始?／几点结束?
지 디엔 카이 스 / 지 디엔 지에 수

13. 지정석을 2장 주십시오.
请给2张定座。
칭 게이 량 짱 띵 쭈오

14. 몇 일(몇 시) 표가 있습니까?
有几号（几点）的票？
여우 지 호우(지 디엔) 더 피아오

15. 이 자리까지 안내해 주시겠습니까?
能带我到这个座位吗？
넝 따이 워 또우 쩌 꺼 쭈오 웨이 마

16. "홍등기"는 어디서 볼 수 있습니까?
在哪儿可以看到"红灯记"。
짜이 날 커 이 칸 또우 훙떵지

17. 복장은 어떻게 해야 합니까?
得穿什么样的服装？
데이 촨 선 머 양 더 푸 좡

18. 중간 휴게시간은 있습니까?
中间有休息时间吗？
쭝 지엔 여우 시우 시 스 지엔 마

19. 다음 회는 몇 시에 시작합니까?
下一场几点开始？
샤 이 창 지 디엔 카이 스

20. 예매권은 어디에서 살 수 있습니까?
在哪儿可以买预售票？
짜이 날 커 이 마이 위 서우 피아오

극장	연극	오페라	뮤지컬
剧场 쮀 창	戏剧 씨 쮀	歌剧 거 쮀	音乐喜剧 인 위에 시 쮀
발레	오케스트라	콘서트	프로그램
芭蕾 빠 레이	管弦乐队 관 시엔 위에 뚜이	音乐会 인 위에 후이	节目 지에 무
지정석	자유석	입석	낮공연
指定席 즈 띵 시	自由席 쯔 여우 시	站座 짠 쭈오	日场 르 창
매표소	영화	밤공연	정보지
售票处 서우 피아오 추	电影 띠엔 잉	晚场 완 창	信息服务 씬시푸우

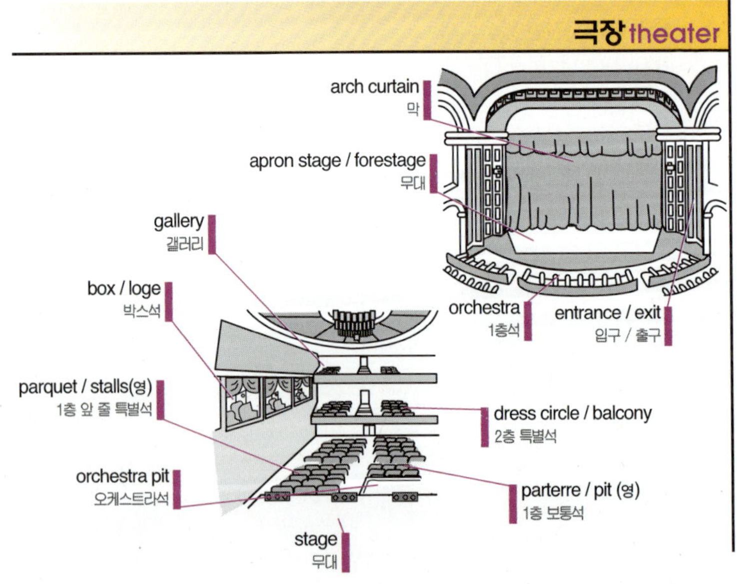

극장 theater

6 스포츠 관전

1. 농구 경기를 보고 싶습니다.
我想看篮球比赛。
워 샹 칸 란 치우 비 싸이

2. 농구경기가 오늘밤에 있습니까?
今晚有篮球比赛吗?
찐 완 여우 란 치우 비 싸이 마

3. 중국 축구 경기는 지금 있습니까?
现在有中国足球比赛吗?
시엔 짜이 여우 쭝 궈 주 치우 비 싸이 마

4. 표를 살 수 있습니까?
可以买票吗?
커 이 마이 피아오 마

5. 표는 어디에서 삽니까?
在哪儿买票?
짜이 날 마이 피아오

6. 좋은 자리 표 한 장 주십시오.
给我一张好票。
께이 워 이짱 호우표

7. 재미있는 경기가 있으면 가르쳐 주시겠습니까?
如果有有趣比赛的话，能告诉我吗?
루 구어 여우 여우 취 비 싸이 더 화 넝 꼬우 쑤 워 마

8. 어떤 팀들이 경기하고 있습니까?
有哪些队比赛？
여우 나 시에 뚜이 비 싸이

9. 축구 경기표는 당일 살 수 있습니까?
比赛当天可以买到票吗？
비 싸이 땅 티엔 커 이 마이 따오 피아오 마

10. 장소를 가르쳐 주십시오.
请告诉我场所。
칭 꼬우 쑤 워 창 숴

11. 경기는 몇 시부터입니까?
比赛几点开始？
비 싸이 지 디엔 카이 스

테니스

1. 테니스 코트를 빌리고 싶습니다.
我想借用一下网球场。
워 샹 찌에 융 이 샤 왕 치우 창

2. 테니스 코트는 얼마에 빌릴 수 있습니까?
借网球场需要多少钱？
찌에 왕 치우 창 쉬 요우 뚜오 소우 치엔

3. 사람 수에 따라 금액이 다릅니까?
价格是按人数计算吗？
쟈 거 쓰 안 런 쑤 찌 쏸 마

4. 라켓을 빌리고 싶습니다.
我想借球拍。
워 샹 찌에 치우 파이

5. 한 코트면 됩니까?
一个场地行吗?
이 꺼 창 띠 싱 마

6. 장비와 신을 빌릴 수 있습니까?
可以借鞋和装备吗?
커 이 찌에 시에 허 쫭 뻬이 마

7. 오전 10시부터 2시간 예약하고 싶습니다.
我想从上午10点开始预定2个小时。
워 샹 충 쌍 우 스 디엔 카이 스 위 띵 량 꺼 시아오 스

골프

1. 골프하려면 예약을 해야 합니까?
打高尔夫球的话需要预定吗?
다 꼬우 얼 푸 치유 더 화 쉬 요우 위 띵 마

2. 골프를 하고 싶습니다.
我想打高尔夫球。
워 샹 다 꼬우 얼 푸 치유

3. 예약은 했습니까?
预定了吗?
위 띵 러 마

4. 예약이 없으면 안 됩니다.
没有预定是不行的。
메이 여우 위 띵 쓰 뿌 싱 더

5. 몇 시에 시작하면 좋습니까?
几点开始好呢?
지 디엔 카이 스 호우 너

6. 한 명에 얼마입니까?
一个人多少钱?
이 꺼 런 뚜오 소우 치엔

7. 그 가격에는 카트 요금도 포함되어 있습니까?
这是包含搬运车费的价格吗?
쩌 쓰 뽀우 한 빤 윈 처 페이 더 쟈 거 마

8. 장비를 한 벌 빌릴 수 있습니까?
可以借一套装备吗?
커 이 찌에 이 토우 좡 뻬이 마

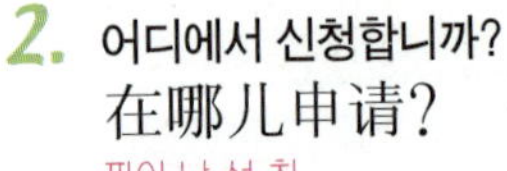

1. 보트를 빌려 주십시오.
我想借船。
워 샹 찌에 촨

2. 어디에서 신청합니까?
在哪儿申请?
짜이 날 선 칭

3. 면허는 있습니까?
有许可证吗?
여우 쉬 커 쩡 마

4. 장비를 빌려 쓸 수 있습니까?
可以借用一下装备吗?
커 이 찌에 융 이 샤 쨩 뻬이 마

5. 얼마입니까?
多少钱?
뚜오 소우 치엔

6. 초보자가 참가할 수 있는 스쿠버 다이빙 교실은 있습니까?
有新手可以参加的潜水学习班吗?
여우 신 서우 커 이 찬 쟈 더 치엔 수이 쉬에 시 빤 마

7. 다이빙하기 적당한 장소를 가르쳐 주십시오.
请告诉我适合跳水的好场所。
칭 꼬우 쑤 워 쓰 허 티아오 수이 더 호우 챵 숴

8. 얼마나 깊습니까?
有多深?
여우 뚜오 선

9. 하는 법을 모르는데 보여 주시겠습니까?
我不知道怎么做，能让我看一下吗?
워 뿌 즈 또우 전 머 쭈오 넝 랑 워 칸 이 샤 마

10. 장비 사용법을 가르쳐 주십시오.
请教我装备的使用方法。
칭 지아오 워 쨩 뻬이 더 스 융 팡 파

베이징 올림픽 슬로건

"하나의 세계, 하나의 꿈"(同一·世界, 同一·梦想)은 2008년 베이징 올림픽의 슬로건이다. 전 세계에서 공모된 21만 여개의 슬로건 중에서 선택된 이 슬로건은 올림픽정신을 완벽히 재현하고, 세계평화를 추구하는 인류공동의 꿈을 펴놓았다.

중국의 국경일

중국의 경축일

· 1월 1일	신정(전체휴일)
· 음력1월1일~3일	춘절(전체휴일)
· 3월 8일	부녀절(부녀자)
· 5월 1일	노동절(전체휴일)
· 5월 4일	청년절(중학생 이상)
· 6월 1일	아동절(어린이)
· 8월 1일	건군절(군대 및 군사기관)
· 9월 10일	교사절(교직원)
· 10월 1일~2일	국경절(전체휴일)

중국의 업무시간

중국의 출·퇴근 시간은 행정기관과 회사의 사무시간의 경우 08:00에서 17:00까지가 기본이다. 12시를 전후하여 1~2시간의 점심시간이 있다. 따라서 중국에서 행정기관에 볼 일이 있을 때는 되도록 오전에 일찍 서두르는 것이 좋다. 하지만 은행의 경우 경축일 등을 제외하고는 일요일에도 직원이 나와 있기 때문에 현금지급이나 공과세 등을 처리할 수 있다. 상점의 경우 보통 해가 지면 문을 닫는다.

Holiday

긴급사태

① 분실 · 도난

돈이나 여권 등 귀중품이나 소지품을 도난당하거나 분실한 경우에는 반드시 경찰에 신고서를 제출할 것. 하물이 보험에 들어 있다면 경찰의 증명서가 필요하다. 가진 돈을 모두 잃어버려서 어찌할 방도가 없는 경우에는 한국대사관에 가서 상의한다. 가족과 연락해서 송금을 받을 수 있도록 하는 등 어떻게든 구조해 준다.

1. 도와 주십시오.
请帮一下忙。
칭 빵 이 샤 망

2. 경찰을 불러 주십시오.
请叫警察。
칭 찌아오 징 차

3. 도둑이 들었습니다.
进小偷了。
찐 시아오 터우 러

4. 도둑이야. 내 가방 돌려줘요!
小偷，还我的包!
시아오 터우 환 워 더 뽀우

5. 여권을 잃어버렸습니다.
我丢了护照。
워 띠우 러 후 쪼우

6. 카메라를 두고 왔습니다.
我没带像机来。
워 메이 따이 샹 찌 라이

7. 지갑을 도난당했습니다.
钱包被盗了。
치엔 뽀우 뻬이 또우 러

8. 신용카드를 도난당했습니다. 지급정지해 주십시오.
信用卡被盗了，请给我桨失。
씬 용 카 뻬이 또우 러 칭 게이 워 꽈 스

9. 한국어 할 줄 아는 분을 불러 주십시오.
请叫一下懂韩国语的人。
칭 찌아오 이 샤 둥 한 궈 위 더 런

10. 누가 좀 빨리 와 주십시오.
快来人啊。
콰이 라이 런 아

11. 경찰서는 근처에 있습니까?
附近有警察局吗?
푸 찐 여우 징 차 쥐 마

12. 한국대사관에 연락하고 싶습니다.
我想联系韩国大使馆。
워 샹 리엔 씨 한 궈 따 스 관

13. 어떻게 해야 할지 모르겠습니다.
我不知道该怎么办。
워 뿌 즈 또우 까이 전 머 빤

14. 저 남자가 도둑입니다. 잡아 주십시오.
那个男的是小偷，抓住他。
나 꺼 난 더 쓰 시아오 터우 좌 쭈 타

15. 너무 갑작스러워서 얼굴을 볼 수 없었습니다.
太突然了，所以没看到脸。
타이 투 란 러 쉬 이 메이 칸 또우 리엔

16. 장소는 광명 거리였습니다.
场所是光明街。
창 쉬 쓰 광 밍 지에

17. 도난신고서는 어떻게 제출합니까?
怎样提交被盗申请表？
전 양 티 지아오 뻬이 또우 선 칭 비아오

18. 어디에서 잃었는지 잘 모르겠습니다.
我不知道在哪儿丢的。
워 뿌 즈 또우 짜이 날 띠우 더

19. 택시에 지갑을 두고 내렸습니다.
我把钱包落在出租车上了。
워 바 치엔 뽀우 라 짜이 추 쭈 처 쌍 러

20. 한국 대사관과 영사관 중 어디가 가깝습니까?
韩国大使馆和领事馆，哪个更近？
한 궈 따 스 관 허 링 쓰 관 나이꺼 껑 찐

21. 여권을 재발행해 주십시오.
请给我重办护照。
칭 게이 워 충 빤 후 쪼우

22. 여권 재발행에는 무엇이 필요합니까?
重办护照需要什么?
충 빤 후 쯔우 쉬 요우 선 머

23. 재발행까지 얼마나 걸립니까?
重办需要多长时间?
충 빤 쉬 요우 뚜오 창 스 지엔

24. 서류를 받는 데는 2~3일 걸립니다.
接文件需2~3天时间。
지에 원 찌엔 쉬 량 따우 싼 티엔 스 지엔

25. 방에 시계를 두고 왔습니다. 있는지 확인해 주시겠습니까?
表落在房间里了，能给确认一下吗?
비아오 라 짜이 팡 찌엔 리 러 넝 게이 취에 런 이 샤 마

26. 찾으면 연락해 주십시오.
找到的话，请跟我联系。
쯔우 또우 더 화 칭 껀 워 리엔 씨

27. 연락처를 가르쳐 드리겠습니다.
这是我的联系地址。
쩌 쓰 워 더 리엔 씨 띠 즈

28. 이 용지에 기입해 주십시오.
请写在这张纸上。
칭 시에 짜이 쩌 쨩 즈 썅

29. 보험 신청에 필요한데, 도난(분실)신고서를 주십시오.
为了申请保险，请给个被盗申请单。
웨이 러 선 칭 보우 시엔 칭 게이 꺼 뻬이 또우 선 칭 딴

긴급사태

소매치기	경찰	파출소	도둑
小偸 시아오 터우	警察 징 차	派出所 파이 추 쉬	小偸 시아오 터우
경관	순찰차	한국대사관	
警官 징 관	巡逻车 쉰 뤄 처	韩国大使馆 한 궈 따 스 관	
날치기	한국총영사		
强盗 챵 또우	韩国总领事 한 궈 쯩 링 쓰		

재외공관의 여권 재발급

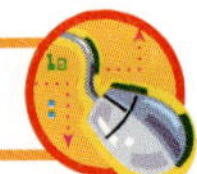

● **공통 구비서류**

여권발급신청서
여권용 사진 2매
여권 및 여권사본 1부(분실 재발급시 제외)

● **분실재발급 추가 서류**

분실사유서
분실신고확인서
공관 영사에게 신고시 : 담당 영사가 발행
현지 경찰서에 신고시 : 관할 경찰서 발행

● **훼손 재발급 추가 서류**

훼손사유서

● **만재(사증란 부족) 재발급 추가서류**

사유서

● **기타(성명, 생년월일, 주민등록번호) 재발급 추가서류**

변경 또는 정정사유서
증빙서류(호적등본 등)

② 병원

1. 의사를 불러 주십시오.
请叫医生。
칭 찌아오 이 썽

2. 병원에 데려다 주십시오.
请带我到医院。
칭 따이 워 또우 이 위엔

3. 구급차를 불러 주십시오.
请叫救护车。
칭 찌아오 찌우 후 처

4. 급한 일이 일어났습니다. 누가 좀 빨리 와 주십시오.
出了紧急情况，快来人啊。
추 러 진 지 칭 쾅 콰이 라이 런 아

5. 진료소를 소개해 주시겠습니까?
能给介绍诊所吗?
넝 게이 찌에 소우 전 쉬 마

6. 이 근처에 병원이 있습니까?
这附近有医院吗?
쩌 푸 찐 여우 이 위엔 마

7. 진료소는 열려 있습니까?
诊所开着吗?
전 쉬 카이 저 마

8. 진찰을 예약하고 싶습니다.
我想和医生预约一下。
워 샹 허 이 썽 위 위에 이 샤

9. 한국어를 하는 의사를 찾아 주시겠습니까?
能给找个懂韩国语的医生吗?
넝 게이 쪼우 꺼 둥 한 궈 위 더 이 썽 마

10. 이제 진찰받을 수 있습니까?
现在可以接受诊察吗?
시엔 짜이 커 이 지에 서우 전 차 마

11. 가능하면 빨리 부탁합니다.
可能的话，请快点儿。
커 넝 더 화 칭 콰이 디엔얼

진찰을 받을 때

1. 체온을 쟀습니까?
量体温了吗?
량 티 원 러 마

2. 아직 재지 않았습니다만 열이 높은 것 같습니다.
还没有量，不过好像很高。
하이 메이 여우 량 부 꿔 호우 샹 헌 꼬우

3. 체온계를 입에 넣어 주십시오.
请把体温计放在嘴里。
칭 바 티 원 찌 팡 짜이 주이 리

4. 열은 섭씨 38.3도입니다.
是摄氏38.3度。
쓰 써 스 싼 스 빠 디엔 싼 뚜

5. 토할 것 같습니까?
想吐吗?
샹 투 마

6. 두 번 토했습니다.
吐了2次。
투 러 량 츠

7. 이런 증상은 언제부터입니까?
这样的症状是什么时候开始的?
쩌 양 더 쩡 쫭 쓰 선 머 스 허우 카이 스 더

8. 지난 밤부터입니다.
从昨天晚上开始的。
충 쮀 티엔 완 쌍 카이 스 더

9. 색다른 걸 드셨습니까?
吃什么特别的了吗?
츠 선 머 터 비에 더 러 마

10. 점심 때 먹은 날 것이 나빴는지도 모릅니다.
中午生吃的可能是坏的。
쭝 우 썽 츠 더 커 넝 쓰 화이 더

11. 여행을 계속할 수 있을까요?
可以继续旅行吗?
커 이 찌 쒸 뤼 싱 마

12. 2~3일 안정해야 합니다.
需要待2~3天。
쉬 요우 따이 량 따우 싼 티엔

13. 그곳에 누워 (엎드려) 주십시오.
请在那儿躺 (趴) 一下。
칭 짜이 날 탕 (파) 이 샤

14. 셔츠를 벗으세요.
请脱衬衫。
칭 퉈 천 산

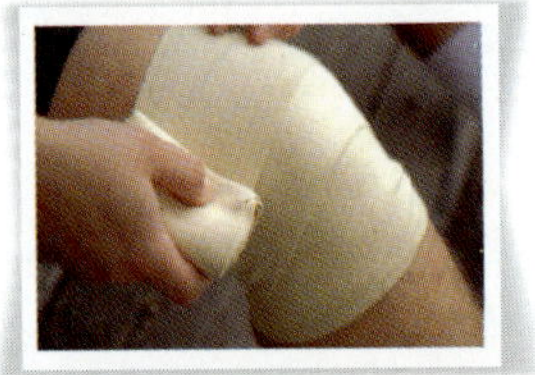

15. 심호흡을 깊이 해 주십시오.
请深呼吸。
칭 썬 후 시

16. 대단치는 않습니다. 걱정하지 마세요.
不太严重，请不要担心。
부 타이 얜 쭝 칭 부 요우 딴 씬

17. 입원을 해야 합니다.
需要住院。
쉬 요우 쭈 위엔

18. 수술해야 합니다.
需要做手术。
쉬 요우 쭈오 서우 쑤

19. 맹장을 잘라내야 합니다.
需要切掉阑尾。
쉬 요우 치에 띠아오 란 웨이

20. 항생제는 사용하지 말아 주십시오.
请不要使用抗生素。
칭 부 요우 스 융 캉 썽 쑤

21. 알러지 체질입니다.
我爱过敏。
워 아이 꿔 민

22. 완치까지 얼마나 걸립니까?
需要多长时间能治好?
쉬 요우 뚜오 창 스 지엔 넝 쯔 호우

23. 소화가 잘 되는 것으로 드십시오.
吃些容易消化的食品。
츠 시에 룽 이 시아오 화 더 스 핀

24. 좀 좋아졌습니까?
好点儿了吗?
호우 디엔얼 러 마

25. 그다지 변화가 없습니다. / 매우 좋아졌습니다.
没什么太大变化。／好多了。
메이 선 머 타이 따 삐엔 화 / 호우 뚜오 러

26. 진단서와 영수증을 주십시오.
请给诊断书和发票。
칭 게이 전 뚜안 수 허 파 피아오

27. 해외여행 사고보험이 들어 있습니다.
我入了海外旅行事故保险。
워 루 러 하이 와이 뤼 싱 쓰 꾸 보우 시엔

1. 증상은 어떻습니까?
有什么症状?
여우 선 머 쩡 쫘앙

2. 여기가 아픕니다.
这儿疼。
쩔 텅

3. 두통이 납니다.
头疼。
터우 텅

4. 배가 몹시 아픕니다.
肚子很疼。
뚜 즈 헌 텅

5. 열이 높은 것 같습니다.
好像发烧。
호우 샹 파 소우

6. 감기에 걸렸습니다.
感冒了。
간 모우 러

7. 계속 토합니다.
总是吐。
쭝 쓰 투

8. 아픕니다. (어지럽습니다.)
我感到疼。（晕）
워 간 따우 텅 (윈)

9. 기침이 납니다.
我咳嗽。
워 커 써우

10. 오한이 납니다.
我感到寒冷。
워 간 또우 한 렁

11. 설사를 합니다.
我拉肚子。
워 라 뚜 즈

12. 콧물이 납니다.
流鼻涕。
리우 비 티

13. 목이 아픕니다.
嗓子疼。
상 즈 텅

14. 앉아 있기도 힘듭니다.
坐也坐不了。
쭈오 예 쭈오 뿌 리아오

15. 오른쪽 발목을 삔 것 같습니다.
右脚腕好像歪了。
여우 지아오 완 호우 샹 와이 러

16. 벌에 쏘였는데 부은 것 같습니다.
被蜜蜂叮的好像肿了。
뻬이 미 펑 띵 더 호우 샹 쭝 러

17. 등과 배에 두드러기가 났습니다.
前后背出了豆。
치엔 허우 뻬이 추 러 떠우

18. 불에 데었습니다.
被火烧伤了。
뻬이 훠 소우 쌍 러

19. 피가 납니다.
出血了。
추 쉬에 러

20. 중국어로는 증상을 잘 설명할 수 없습니다.
用中国语我说不清楚症状。
융 쭝 궈 워 워 슈오 뿌 칭 추 쩡 쫘앙

의사	병원	구급차	내과의사
医生	院	救护车	内科医生
이 썽	이 위엔	찌우 후 처	네이 커 이 썽
외과의사	부인과의사	치과의사	항생물질
外科医生	妇产科医生	牙科医生	抗生素
와이 커 이 썽	푸 찬 커 이 썽	야 커 이 썽	캉 썽 쑤
증상	치료	처방	
症状	治疗	处方	
쩡 쫘앙	쯔 리아오	추 팡	
종합병원	병명		
综合医院	病名		
쭝 허 이 위엔	삥 밍		

3 약국

1. 처방전이 없어도 약을 살 수 있습니까?
没有处方也可以买药吗?
메이 여우 추 팡 예 커 이 마이 요우 마

2. 두통약을 주십시오.
请给我头痛药。
칭 게이 워 터우 퉁 요우

3. 감기약을 주십시오.
请给我感冒药。
칭 게이 워 간 모우 요우

4. 이것이 처방전입니다.
这是处方。
쩌 쓰 추 팡

5. 하루 몇 번 복용합니까?
一天服用几次?
이 티엔 푸 융 지 츠

6. 식전입니까, 식후입니까?
是饭前还是饭后?
쓰 판 치엔 하이 쓰 판 허우

7. 부작용은 없습니까?
没有副作用吗?
메이 여우 푸 쭈오 융 마

④ 교통사고

사고 현장에서 해야 할 일은 3가지. 부상자 응급처치, 경찰에게 통보, 보험회사와 렌트카 회사에 연락. 경우에 따라서는 구급차를 불러야 할지도 모른다.

경찰서에서 사고증명을 받아 두는 것도 중요하다. 후일 법률분쟁으로 발전될 가능성도 있으므로 상대의 연락처, 면허증 등도 경찰관의 입회하에 확인해 둔다.

1. 사고가 났습니다!
出事故了。
추 쓰 꾸 러

2. 뺑소니였습니다!
撞车逃跑了。
쫭앙 처 토우 이 러

3. 차에 치었습니다.
被车撞了。
뻬이 처 쫭앙 러

4. 구급차(경찰차)를 불러 주십시오.
请叫救护车。（警车）
칭 찌아오 찌우 후 처 (징 처)

5. 움직일 수 없습니다.
我动不了。
워 뚱 뿌 리아오

6. 혈액형은 O형입니다.
血型是"ο"型。
쉬에 싱 쓰 어우 싱

7. 다리가 부러진 것 같습니다.
腿好像断了。
투이 호우 샹 뚜안 러

8. 그 차가 갑자기 튀어나왔습니다.
那辆车突然出来了。
나 량 처 투 란 추 라이 러

9. 나는 잘못이 없습니다.
我没有错。
워 메이 여우 춰

10. 나는 교통규칙을 지켰습니다.
我遵守了交通规则。
워 쭌 서우 러 찌아오 퉁 구이 저

11. 갑작스러워서 상황을 파악할 수 없습니다.
太突然了，我不知道是怎么回事。
타이 투 란 러 워 뿌 즈 또우 쓰 전 머 후이 쓰

12. 어떻게 하면 좋을지 모르겠습니다.
不知道该怎么办才好。
뿌 즈 또우 까이 전 머 빤 차이 호우

13. 장소는 우의 스트리트의 은행 앞이었습니다.
场所是友谊街银行前面。
창 쉬 쓰 여우 이 지에 인 항 치엔 미엔

14. 렌트카 회사에 전화 부탁합니다.
请给租车公司打电话。
칭 게이 쭈 처 꿍 스 다 띠엔 화

15. 보험에 들어있습니다. 보험회사에 연락해 주십시오.
我人了保险，请联系保险公司。
워 루 러 보우 시엔 칭 리엔 씨 보우 시엔 꿍 스

16. 사고 신고서를 주십시오.
请给事故申报单。
칭 게이 쓰 꾸 선 빠우 딴

17. 면허증과 여권입니다.
这是驾驶证和护照。
쩌 쓰 쨔 스 쩡 허 후 쪼우

18. X-레이를 찍고 싶습니다.
我想照X光线。
워 샹 쪼우 엑스 광 시엔

19. 어디 아픈 데는 없습니까?
有没有疼的地方？
여우 메이 여우 텅 더 띠 팡

20. 특별한 이상은 없습니다.
没有什么特别的症状。
메이 여우 선 머 터 비에 더 쩡 쫭앙

충돌하다	긁히다	받히다	충돌되다
冲撞	**被刮**	**被顶撞**	**被冲撞**
충짜앙	뻬이 과	뻬이 띵 짜앙	뻬이 충 짜앙
치다	상처	보험	인명사고
撞	**伤处**	**保险**	**人命事故**
짜앙	쌍 추	보우 시엔	런 밍 쓰 꾸
운전면허증	응급병원	사고증명서	
驾驶证	**急诊医院**	**事故证明书**	
쨔 스 쩡	지 전 이 위엔	쓰 꾸 쩡 밍 수	

병에 걸리거나 다쳤을 때

호텔에 머문 경우라면 프런트에 연락하여 의사를 부르는 것이 가장좋다.
호텔에 따라서 전속 의사가 있기도 하고, 또 한국어가 통하는 의사를 불러
주기노 한다. 그러나 호텔에 투숙히지 않았다면 영어가 통하는 병원으로
가야만 한다. 출발 전에 여행상해보험에 가입해 두었으면 치료비 보상을
받을 수 있다. 국내에서 보험금을 청구하려면 의사진단서, 치료비 명세서,
치료비 영수증 등이 필요하다.

긴급사태

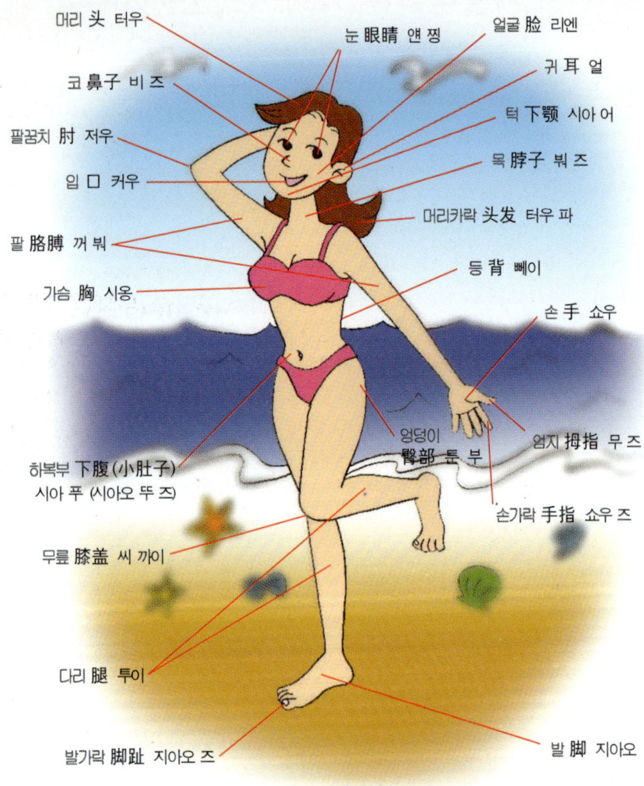
머리 头 터우
눈 眼睛 앤 찡
얼굴 脸 리엔
귀 耳 얼
코 鼻子 비 즈
턱 下颚 시아 어
팔꿈치 肘 저우
목 脖子 붜 즈
입 口 커우
머리카락 头发 터우 파
팔 胳膊 꺼 붜
등 背 뻬이
가슴 胸 시옹
손 手 쇼우
엉덩이
臀部 툰 부
엄지 拇指 무 즈
하복부 下腹(小肚子)
시아 푸 (시아오 뚜 즈)
손가락 手指 쇼우 즈
무릎 膝盖 씨 까이
다리 腿 투이
발가락 脚趾 지아오 즈
발 脚 지아오

귀국

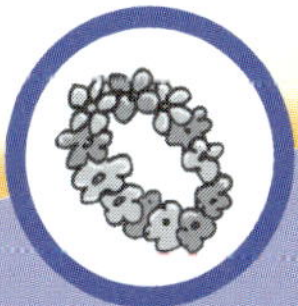

예약 재확인 · 출국심사

재확인(Reconfirmation)이란 항공권의 예약 재확인. 출발 72시간 전까지 하지 않으면 탑승할 의사가 없는 것으로 간주되어 예약을 취소당할 수도 있다. 예약 재확인은 현지 항공사의 카운터나 사무소에서 예약한 비행편 번호, 출발일, 성명을 알려 주면 그 자리에서 처리되고 전화로 해도 된다. 이것을 태만히 하거나 항공사의 처리 실수로 예약되지 않거나 하면 다시 예약을 해야 한다.

그 편에 빈자리가 있다면 괜찮지만 자리가 없는 경우에는 다른 편으로 바꿔 준다. 이 때에는 항공권에 새로운 비행편 번호와 출발일을 기재한 스티커를 부여 받고 재확인을 다시 해야 하는지도 알아둔다.

1. 예약 재확인을 하고 싶습니다.
我想重新确认预定。
워 샹 충 신 취에 런 위 띵

2. 비행편을 변경하고 싶습니다.
我想更改航班。
워 샹 껑 까이 항 빤

3. 한국에서 예약해 두었습니다.
在韩国预定的。
짜이 한 궈 위 띵 더

4. 몇 일 몇 편을 예약했습니까?
您预定的是几号的哪一航班?
닌 위 띵 더 쓰 지 호우 더 나 이 항 빤

5. 내일 오전 323편 서울행입니다.
明天上午飞往首尔的323航班。
밍 티엔 쌍 우 페이 왕 소우 얼 더 싼 얼 싼 항 빤

6. 언제 편으로 변경하고 싶습니까?
您想更改到哪一航班？
닌 샹 껑 까이 또우 나 이 항 빤

7. 오후 편으로 변경하고 싶습니다.
我想改成下午的航班。
워 샹 까이 청 샤 우 더 항 빤

8. 직행편은 빈 자리가 없습니까?
直达航班没有座位吗？
즈 다 항 빤 메이 여우 쭈오 웨이 마

9. 그 편을 부탁합니다.
我想乘那个航班。
워 샹 청 나 꺼 항 빤

10. 꼭 오후 직행편에 타야 합니다.
我真的需要乘下午的直达航班。
워 쩐 더 쉬 요우 청 샤 우 더 즈 다 항 빤

11. 좀 더 이른 편으로 좌석은 없습니까?
再早一点的航班没有座位吗？
짜이 조우 이 디엔 더 항 빤 메이 여우 쭈오 웨이 마

12. 예약 취소를 몇 명이 기다리고 있습니까?
有多少人等着预定取消？
여우 뚜오 소우 런 덩 저 위 띵 취 시아오

13. 예약 취소가 있으면 알려 주십시오.
有预定取消的话，请告诉我。
여우 위 띵 취 시아오 더 화 칭 꼬우 쑤 워

14. 이름과 나이를 말해 주십시오.
请告诉我您的姓名和年龄。
창 꼬우 쑤 워 닌 더 씽 밍 허 니엔 링

15. 예약 재확인을 했습니다.
预定已重新确认好了。
위 띵 이 충 신 취에 런 호우 러

16. 탑승까지 얼마나 시간이 있습니까?
登机前需要多长时间?
떵 찌 치엔 쉬 요우 뚜오 창 스 지엔

17. 출발 시각을 확인해 두고 싶습니다.
我想确认出发时间。
워 샹 취에 런 추 파 스 지엔

18. 서울행 832편의 탑승구는 몇 번입니까?
飞往首尔的832航班是几号登机口?
페이 왕 소우 얼 더 빠 싼 얼 항 빤 쓰 지 호우 떵 찌 커우

19. 몇 시까지 체크인하면 됩니까?
几点之前登记就行?
지 디엔 즈 치엔 떵 찌 찌우 싱

20. 늦어도 1시간 전까지는 공항에 나와 주십시오.
至少一小时之前得到达机场。
즈 소우 이 시아오 스 즈 치엔 데이 또우 다 찌 창

21. 서울행 252편은 예정대로 출발합니까?
飞往首尔的252航班准时出发吗?
페이 왕 소우 얼 더 얼 우 얼 항 빤 준 스 추 파 마

22. 출국카드가 필요합니까?

需要出境卡吗?

쉬 요우 추 찡 카 마

23. 출국허가는 어디서 받습니까?

在哪儿办理出境许可?

짜이 날 빤 리 추 찡 쉬 커

24. 속에는 옷과 선물이 있습니다.

里面有衣服和礼物。

리 미엔 여우 이 푸 허 리 우

25. 가지고 있는 돈은 300달러입니다.

我带了300美元。

워 따이 러 싼 바이 메이 위엔

26. 면세 수속용지를 가지고 있습니다.

我有免税手续单。

워 여우 미엔 쑤이 서우 쒸 딴

27. 10월 25일 오전 11시 발 비행편에 예약됐습니다.

给预定了10月25日上午11点的航班。

게이 위 띵 러 스 위에 얼 스우 르 쌍 우 스 이 디엔 더 항 빤

항공권	탑승권	여권	탑승게이트
飞机票	**登机卡**	**护照**	**登机口**
페이 찌 피아오	떵 찌 카	후 쪼우	떵 찌 커우
면세품	초과요금	출국 로비	면세 범위
免税商品	**附加费**	**出境大厅**	**免税范围**
미엔 쑤이 쌍 핀	푸 쟈 페이	추 찡 따 팅	미엔 쑤이 판 웨이
탑승 카운터	출국		
登机柜台	**出境**		
떵 찌 꾸이 타이	추 찡		

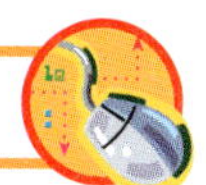

출국 수속

● **예약 재확인 (RECONFIRM)**
출발 72시간 전까지 전화 또는 항공사의 사무소에 예약을 재확인해 둔다.

● **공항 (AIRPORT)**

● **체크인 (CHECK-IN)**
항공사의 카운터에서 여권(passport), 항공권(ticket)을 제시하고 하물(baggage)을 맡기고, 탑승권(boarding card)과 하물인환증(claim tag)을 받는다. 국가에 따라서는 공항세(airport tax)를 지불하는 경우도 있다. 무료수탁하물(free baggage)에는 기내 반입 수하물(carry-on), 탁송하물(checked baggage)이 있다. 하물의 중량이 제한량을 초과한 경우에는 초과 수하물(excess baggage)이 되어 초과요금(excess charge)을 지불해야 한다.

● **세관 (CUSTOMS)**
현지통화의 반입액 이상의 반출은 금지되어 있다. 입국시의 소지금 신고와 출국시의 소지금을 검사하는 경우도 있으므로 주의할 것.

● **출국 수속**
세금환부 수속, 출국심사, 수하물 검사를 마치고 탑승구(Boarding Gate)로 간다.

입국 서류 작성과 입국절차

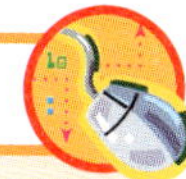

입국절차는 일반적으로 출국절차와 정반대로 생각하면 된다.

검역설문표 작성 ▷ 검역 (동 · 식물 검역포함) ▷ 입국심사 ▷ 수하물 회수 ▷ 세관 검사 ▷ 입국

출국시 신고한 세관 신고 용지 등을 다시 확인하여 꺼내기 쉬운 곳에 넣어두는 게 좋다. 항공기가 도착하면 승객은 자신의 휴대품이나 가방을 가지고 내려야 하며 GATE에 대기하고 있는 항공사 직원들의 안내를 받아 계단 및 에스컬레이터를 이용하여 입국장에 도착할 수 있다.

● **검역**
콜레라, 황역, 페스트 오염지역으로부터 입국하는 승객은 기내 승무원이 배부하는 검역설문표를 작성, 제출하고 여행 중 건강에 이상이 있는 사람은 검역관과 상의하며, 2주 이내에 설사, 복통, 구토 등의 증세가 있으면 가까운 검역소나 보건소에 반드시 신고해야 한다.

● **입국 사열**
여권과 입국 신고서, 여행자 휴대품 신고서 등을 법무부 입국심사관에게 제출하고 입국심사인 날인을 받으면 된다.

● **BAGGAGE CLAIM AREAS**
입국신고를 마치면 승객은 입국장에서 컨베이어벨트 위의 안내판을 보고 항공편을 확인한 후 본인의 수하물을 찾으면 된다.

● **세관 검사**
수하물을 찾은 승객은 스스로 세관 검사대를 선택하여야 하는데 이 검사대는 면세검사대(GREEN CHANNEL)와 과세검사대(RED CHANNEL)로 구분된다. 여권과 여행자 휴대품 신고서를 제출하고 세관검사를 마치면 입국절차가 끝나게 된다.

Memo

핵심 단어 모음

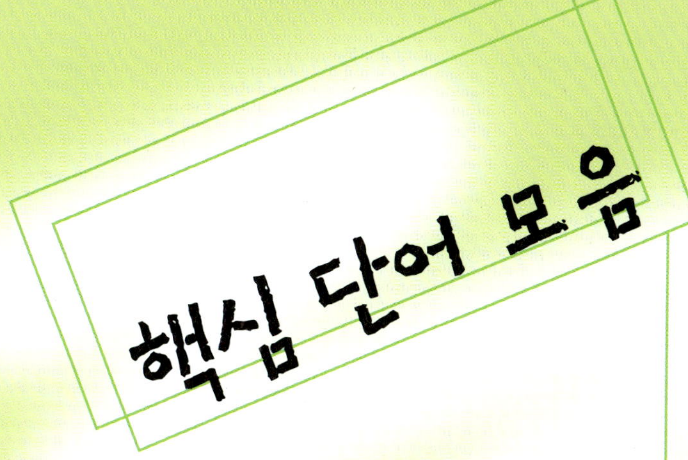

Core Wordbook

가게	商店	쌍 띠엔
가까이	近	찐
가다	走	저우
가득 채우다	加满	쟈 만
가디건	羊毛衫	양 모우 산
가벼운 식사	快餐	콰이 찬
가솔린	汽油	치 여우
가이드	导游	도우 여우
가죽	皮革	피 거
갈아타는 표	中转票	중 주안 피아오
갈아타다	换乘	후안 청
개관 시간	开馆时间	카이 관 스 지엔
개시 시간	开始时间	카이 스스 지엔
개인	个人	꺼 런
개인용품	私人用品	쓰 런 융 핀
개장	开场	카이 창
개찰구	剪票口	지엔 피아오 커우
거리(도로)	街道	지에 따우
거스름돈	找回的钱	쪼우 후이 더 치엔
겨자	芥粉	지에 펀
경관	警官	징 관
경치가 좋은	景色好的	징 써 호우 더
계산	计算	찌 쏸
계산서	帐单	짱 딴
고급의	高级的	꼬우 지 더
고기요리	鱼肉菜	위 러우 차이

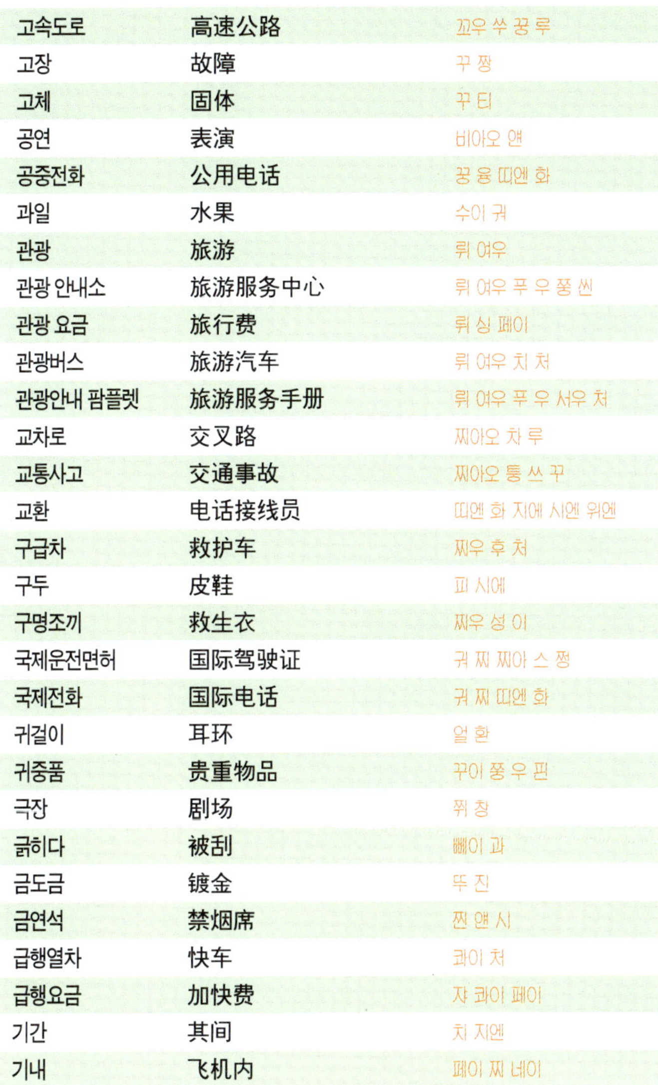

고속도로	高速公路	꼬우 쑤 꿍 루
고장	故障	꾸 짱
고체	固体	꾸 티
공연	表演	비아오 앤
공중전화	公用电话	꿍 융 띠엔 화
과일	水果	수이 궈
관광	旅游	뤼 여우
관광 안내소	旅游服务中心	뤼 여우 푸 우 쭝 씬
관광 요금	旅行费	뤼 싱 페이
관광버스	旅游汽车	뤼 여우 치 처
관광안내 팜플렛	旅游服务手册	뤼 여우 푸 우 서우 처
교차로	交叉路	찌아오 차 루
교통사고	交通事故	찌아오 퉁 쓰 꾸
교환	电话接线员	띠엔 화 지에 시엔 위엔
구급차	救护车	찌우 후 처
구두	皮鞋	피 시에
구명조끼	救生衣	찌우 성 이
국제운전면허	国际驾驶证	궈 찌 찌아 스 쩡
국제전화	国际电话	궈 찌 띠엔 화
귀걸이	耳环	얼 환
귀중품	贵重物品	꾸이 쭝 우 핀
극장	剧场	쥐 창
긁히다	被刮	뻬이 과
금도금	镀金	뚜 진
금연석	禁烟席	찐 얜 시
급행열차	快车	콰이 처
급행요금	加快费	쟈 콰이 페이
기간	其间	치 지엔
기내	飞机内	페이 찌 네이

핵심 단어 모음

기내판매	机内销售	찌 네이 시아오 서우
기념품점	纪念品店	찌 니엔 핀 띠엔
기초화장품	基础化妆品	지 추 화 좡 핀
긴	长	창
긴 소매	长袖	창 씨우
긴급전화	紧急电话	진 지 띠엔 화
길	路	루
깃	领子	링 즈
꼭 맞는	正合适	쩡 허 스

나이프	(西餐用的)小刀	(시 찬 용 더)시아오 또우
난기류	乱气流	롼 치 리우
난방	热气	러 치
날치기	强盗	챵 또우
낮공연	日场	르 창
내과의사	内科医生	네이 커 이 썽
내리다	下:下来	샤 : 샤 라이
내선	内线	네이 시엔
내의	内衣	네이 이
냉방	冷气	렁 치
냉장고	冰箱	삥 샹
노선도	路线图	루 시엔 투
녹차	绿茶	뤼 차
늦다	晚	완

다리미	熨斗	윈 더우
단체	团体	투안 티
닭고기	鸡肉	찌 러우
담배	烟	옌
대기시간	待机时间	따이 찌 스 지엔
대로	大道	따 또우
대합실	候车室	허우 처 쓰
대형차	大型车	따 싱 처
더블	一倍	이 뻬이
더운	热的	러 더
도둑	小偷	시아오 터우
도로지도	路线图	루 시엔 투
도착	到达	또우 다
돌다	转;绕	주안;로우
돌아 가다	回去	후이 취
동전	铜钱	퉁 치엔
돼지고기	猪肉	쭈 러우
드라이어	吹风机	추이 펑 찌
드라이클리닝	干洗	깐 시
드레스	晚礼服	완 리 푸
등기우편	挂号	꽈 호우
디저트	甜食	티엔 스
똑바로	正确地;好无差错地	정 취에 더;호우 우 차 추오 더
라운드 넥	圆领	위엔링
라운지	休息室	시우 시 쓰
린스	护发水	후 파 수이
립스틱	口红	커우 훙

마스카라	捷毛膏	지에 모우 꼬우
마요네즈	蛋黄酱	딴 황 쌍
마침	完成	완 청
만석	满座	만 쭈오
맛있는	好吃的	호우 츠 더
맞은편	对面	뚜이 미엔
매니큐어	指甲油	즈 쟈 여우
매장	柜台	꾸이 타이
매표소	售票处	서우 피아오 추
맥주	啤酒	피 지우
맥주 안주	啤酒的下酒菜	피 지우 더 샤 지우 차이
멀리	远	위엔
멀미봉지	呕吐袋	어우 투 따이
면세 범위	免税范围	미엔 쑤이 판 웨이
면세품	免税品	미엔 쑤이 핀
땅콩	花生	화성
모퉁이	角落	지아오 루오
모포	毛毯	모우 탄
목걸이	项链	썅 리엔
목적	目的	무 띠
목적지	目的地	무 띠 띠
무늬	花样:式样	화 양 : 쓰 양
무료	免费	미엔 페이
무료 팜플렛	免费手册	미엔 페이 서우 처
물을 섞은	加水的	쟈 수이 더
뮤지컬	音乐喜剧	인 위에 시 쮜

| 미용실 | 美容室 | 메이 룽 쓰 |
| 밀크 로션 | 奶液 | 나이 예 |

ㅂ

바지	裤子	쿠 즈
반 소매	半节袖	빤 지에 써우
반나절 관광코스	半日游	빤 르 여우
반입 금지품	禁止搬入物品	찐 즈 반 루 우 핀
반지	戒指	찌에 즈
반환하다	返还	판 환
받히다	被顶撞	빼이 딩 쫘앙
발레	芭蕾	빠 레이
발차	发车	파 처
밝은	亮的	량 더
밤 관광	夜景观光	예 징 관 광
밤공연	晚场	완 창
백금	白金	바이 찐
백포도주	白葡萄酒	바이 푸 토우 지우
백화점	百货商店	바이 훠 쌍 띠엔
버번 위스키	威士忌	웨이 쓰 찌
버스정류장	汽车站	치 처 짠
번호통화	号码通话	호우 마 퉁 화
베개	枕头	전 터우
벨트	腰带	요우 따이
병	瓶	핑
병명	病名	삥 밍
병원	医院	이 위엔

보상금	赔偿金	페이 창 찐
백	包	뽀우
보습 크림	保湿霜	보우 스 쐉양
보통열차	普通列车	푸 퉁 리에 처
보험	保险	보우 시엔
봉투	信封	씬 펑
부인과의사	妇产科医生	푸 찬 커 이 썽
부츠	长靴	창 쉬에
분실	丢失	띠우 스
분위기가 좋은	气氛好的	치 편 호우 더
브랜디	白兰地	바이 란 띠
브로치	胸针	시웅 쩐
브이 넥	V领	웨이 링
블라우스	女式宽大短大衣	뉘 쓰 콴 따 두안 따 이
블럭	街区	지에 취
비누	肥皂	페이 쪼우
비상계단	紧急阶梯	진 지 지에 티
비상구	紧急出口	진 지 추 커우
비자	签证	치엔 쩡
비행기표	飞机票	페이 찌 파아오
빈자리	空座	쿵 쭈오
빌리다	借	찌에

사고	事故	쓰 꾸
사고증명서	事故证明书	쓰 꾸 쩡 밍 수
사용료	使用费	스 융 페이
산소마스크	氧气罩	양 치 쯔우
상의	上衣	쌍 이
상처	受伤处	서우 쌍 추
상표	牌子;品牌	파이 즈;핀파이
생선	鱼	위
샤워실	淋浴室	린 위 쓰
샴페인	香槟	샹 빈
샴푸	洗发水	시 파 수이
서류가방	文件包	원 찌엔 뽀우
서비스료	服务费	푸 우 페이
선물	礼物	리 우
선편	船运	촨 윈
성냥	火柴	훠 차이
세관	海关	하이 꾸안
세관 신고서	海关申报单	하이 꾸안 선 뽀우 단
세금	税金	쑤이 찐
세금 전 가격	税前价格	쑤이 치엔 짜 거
세탁	洗	시
셔츠	衬衫	천 산
소가죽	牛皮	니우 피
소금	盐	얜
소매없는 옷	没有袖的衣服	메이 여우 씨우 더 이 푸
소매치기	小偷	시아오 터우
소스	调味汁	티아오 웨이 쯔
소포	包裹	뽀우 궈

소형차	小型车	시아오 싱 처
속달	快件	콰이 찌엔
쇠고기	牛肉	니우 러우
숄더백	肩包	지엔 뽀우
수동변속차	手动变速车	서우 뚱 삐엔 쑤 처
수수료	手续费	서우 쒸 페이
수수한	普通;朴素	푸퉁 ; 푸 쑤
수영장	游泳场	여우 융 창
수탁증(클레임택)	受托证	서우 퉈 쩡
수하물 사고 신고서	行李事故申告单	싱 리 쓰 꾸 선 꼬우 단
수하물 임시보관소	行李寄存处	싱 리 찌 춘 추
수하물(미)	行李(美)	싱 리
수하물(영)	行李(英)	싱 리
숙녀복	女式服装	뉘 쓰 푸 쫭
숙박자	住宿者	쭈 쑤 저
숙박지	住处	쭈 추
순금	纯金	춘 찐
순찰차	巡逻车	쉰 뤄 처
술	酒	지우
스웨터	毛衣	모우 이
스카치 위스키	苏格兰威士忌	수 거 란 웨이 쓰 찌
스커트	裙子	췬 즈
스킨 로션	爽肤水	쑤앙 푸 수이
스타킹	长筒袜	창 퉁 와
스페인요리	西班牙料理	시 빤 야 리아오 리
스푼	汤匙	탕 츠
습관성 약품	日常药品	르 창 요우 핀
승무원	乘务员	청 우 위엔
승무원실/여객실	飞机舱	페이 찌 창

시가	烟	얜
시각표	时刻表	스 커 비아오
시내버스	市内汽车	스 네이 치 처
시내전화	市内电话	스 네이 띠엔 화
시내지도	市内地图	스 네이 띠 투
시대	时代	스 따이
시원한	凉快	량 콰이
시작	开始	카이 스
시트	床单	촹 딴
식당	餐厅	찬 팅
식당차	餐车	찬 처
식물	植物	즈 우
식사	吃饭;用餐	츠 판 : 융 찬
신고하지 않아도 되는 품목	不需要申报的品目	부 쉬 요우 선 뽀우 더 핀 무
신문	报纸	뽀우 즈
신사복	男式服装	난 쓰 푸 좡
신호등	信号灯	씬 호우 떵
썬탠로션	防晒霜	팡 싸이 쑤앙
썬탠오일	防晒油	팡 싸이 여우

아동복	儿童服装	얼 퉁 푸 좡
아이섀도우	眼影	얜 잉
아케이드	商品街	쌍 핀 지에
악어 가죽	鳄鱼皮	어 위 피
안개	雾	우
안내소	服务台	푸 우 타이

알람시계	闹钟	노우 쭝
액체	液体	예 티
야간열차	夜间列车	예 지엔 리에 처
얇은	薄;淡	보우 : 딴
양말	袜子	와 즈
양복	西服	시 푸
어두운/진한	深;浓	썬 : 눙
얼룩 제거	除去污斑	추 취 우 반
얼음	冰	삥
얼음을 띄운	带冰的	따이 삥 더
엘리베이터	电梯	띠엔 티
여권	护照	후 쪼우
여행가방	旅行包	뤼 싱 뽀우
여행자 수표	旅行支票	뤼 싱 즈 피아오
역	站	짠
연극	戏剧	시 쮜
연락처	联系地址	리엔 씨 띠 즈
연료가 떨어지다	没有燃气了	메이 유 란 치 러
연착	误点	우 디엔
연회	宴会厅	얜 후이 팅
영수증	发票	파 피아오
영업시간	营业时间	잉 예 스 지엔
영업중	营业中	잉 예 중
영화	电影	띠엔 잉
옆	旁	팡
예매권	预售票	위 서우 피아오
예약	预定	위 띵
예약확인서	预定确认单	위 띵 취에 런 단
오늘의 요리	今天的特色菜	찐 티엔 더 터 서 차이

오른쪽	右边	여우 비엔
오전 관광	上午观光	쌍 우 관 광
오케스트라	管弦乐队	관 시엔 위에 뚜어
오페라	歌剧	거 쮜
오후 관광	下午观光	샤 우 관 광
와인	葡萄酒	푸 토우 지우
왕복	往返	왕 판
외과의사	外科医生	와이 커 이 썽
왼쪽	左边	줘 비엔
요금	费用	페이 융
요리	料理	리아오 리
우체국	邮电局	여우 띠엔 쮜
우체통	邮筒	우 퉁
우편엽서	明信片	밍 씬 피엔
우표	邮票	여우 피아오
운동화	运动鞋	윈 뚱 시에
운전면허증	驾驶证	쨔 스 쪙
운전자	司机	스 찌
위스키	威士忌	웨이 쓰 찌
위치(장소)	位置	웨이 즈
유람선	游船	여우 촨
유료	收费	서우 페이
유료도로	收费公路	서우 페이 꿍 루
유명한	有名的	여우 밍 더
유학	留学	리우 쉬에
유효기간	有效其间	여우 씨아오 치 지엔
은행	银行	인 항
음료	饮料	인 리아오
음료수	饮料水	인 리아오 수이

핵심 단어 모음

응급병원	急诊医院	지 전 아 위엔
의사	医生	이 썽
이륙	起飞	치 페이
이름표	名签	밍 치엔
이어폰	耳机	얼 지
이탈리아요리	意大利料理	이 따 리 리아오 리
인명사고	人命事故	런 밍 쓰 꾸
일본요리	日本料理	르 번 리아오 리
일상 생활용품	日常生活用品	르 창 성 훠 융 핀
임대계약서	租赁合同	주 린 허 퉁
입구	入口	루 커우
입국	入境	루 찡
입석	站座	짠 쭈오
입장 금지	禁止入场	찐 즈 루 창

자동변속차	自动变速车	즈 뚱 삐엔 쑤 처
자동차	汽车	치 처
자동판매기	自动售货机	즈 뚱 서우 훠 찌
자리 요금	座位费	쭈오 웨이 페이
자유석	自由席	즈 여우 시
작가	作家	쭈오 쟈
작은	小的	시아오 더
작품	作品	쭈오 핀
잔	杯子	뻬이 즈
잡지	杂志	자 쯔
장거리버스	长途汽车	창 투 치 처

장거리전화	长途电话	창 추 띠엔 화
장소	场所	창 숴
적당한	合适	허 쓰
적포도주	红葡萄酒	훙 푸 토우 지우
전문점	专品店	쫘안 핀 띠엔
전보	电报	띠엔 빠우
전화번호	电话号码	띠엔 화 호우 마
전화번호부	电话号码本	띠엔 화 호우 마 번
점심제공	供午饭	꿍 우 판
접시	碟子	디에 즈
젓가락	筷子	콰이 즈
정보지	信息服务	씬 시 푸 우
정원	定员	띵 위엔
정차	停车	팅 처
조각	雕塑	띠아오 쑤
조미료	调料	티아오 리아오
조용한	安静的	안 찡 더
조이는	紧的	진 더
종합병원	综合医院	쭝 허 이 위엔
좌석	座位	쭈오 웨이
좌석번호	座位号	쭈오 웨이 호우
주류	酒类	지우 레이
주스	果汁	궈 쯔
주유소	加油站	쟈 여우 짠
주차	停车	팅 처
주차장	停车场	팅 처 창
중간층	中层	쭝 청
중국요리	中餐	쭝 찬
중형차	中型车	쭝 싱 처

핵심 단어 모음

증상	症状	쩡 쫭앙
지갑(동전)	钱袋	치엔 따이
지갑(지폐)	钱包	치엔 뽀우
지명통화	提名电话	티 밍 띠엔 화
지방요리	地方料理	띠 팡 리아오 리
지역번호	区号	취 호우
지정석	指定席	즈 띵 시
지폐	纸币	즈 뻬
지하	地下	띠 샤
지하철	地铁	띠 티에
직통전화	直通电话	즈 퉁 띠엔 화
직행버스	直达汽车	즈 다 치처
짐수레	手推车	서우 투이 처
집합시간	集合时间	지 허 스 지엔
짧은	短的	두안 더

차내방송	车内广播	처 네이 광 버
차장	列车长	리에 처 장
차종	车种	처 중
착륙	着陆	줘 루
창측	靠窗	코우 촹
창측석	靠窗席	코우 촹 시
처방	处方	추 팡
철도	铁路	티에 루
청바지	牛仔裤	니우 짜이 쿠
청소	打扫	다 소우

초과요금	附加费	푸 쟈 페이
최상층	最上层	쭈이 쌍 청
추운	冷	렁
추천	推荐	투이 찌엔
출구	出口	추 커우
출국	出境	추 찡
출국 로비	出境大厅	추 찡 따 팅
출발시간	出发时间	추 파 스 지엔
출입금지	禁止出入	찐 즈 추 루
충돌하다	碰撞	펑 쫭
치과의사	牙科医生	야 커 이 썽
치다	打	따
치료	治疗	쯔 리아오
치수	尺寸	츠 춘
침대요금	卧铺费	워 푸 페이
침대차	卧铺车	워 푸 처
카운터	柜台	꾸이 타이
칸막이	分隔间	펀 거 찌엔
캔	罐	꾸안
커피	咖啡	카 페이
케챱	番茄酱	판 치에 쨩
콘서트	音乐会	인 위에 후이
콜렉트 콜	对方付款电话	뚜이 팡 푸 콴 띠엔 화
큰	人的	따 더

핵심 단어 모음

ㅌ

타다	乘	청
타이	领带	링 따이
탑승 카운터	登机柜台	떵 찌 꾸이 타이
탑승게이트	登机口	떵 찌 커우
탑승권	机票	찌 피아오
탑승시각	登机时间	떵 찌 스 지엔
택시정류장	出租车站	추 쭈 처 짠
테니스 코트	网球场	왕 치우 창
통과권	过境卡	꿔 찡 카
통로석	通道席	퉁 또우 시
통로측	过道侧	꿔 또우 처
통화신고	货币申报	훠 삐 선 뽀우
트렁크	行李箱	싱 리 샹
특급열차	特快列车	터 콰이 리에 처
특별요리	特色菜	터 써 차이
특별전	特别事件	터 비에 쓰 찌엔
티 세트	套茶	토우 차
티 셔츠	T恤衫	티 쉬 산
팁	小费	시아오 페이

ㅍ

파손	破损	퍼 쑨
파출소	派出所	파이 추 쉬
팜플렛	小册	시아오 처

펑크	泄气	씨에 치
편도	单程	딴 청
편지지	信纸	씬 즈
폐관 시간	闭馆时间	삐 관 스 지엔
포크	叉子	차 즈
표	票	피아오
표시	标记	삐아오 찌
프랑스요리	法国料理	파 궈 리아오 리

하이 힐	高跟	꼬우 건
한국대사관	韩国大使馆	한 궈 따 스 관
한국요리	韩餐	한 찬
한국차	韩国车	한 궈 처
한국총영사	韩国总领事	한 궈 쫑 링 쓰
할인	打折	다 저
항공권	机票	찌 피아오
항공편	空运	쿵 윈
항생물질	抗生素	캉 셩 쑤
해산물요리	海鲜料理	하이 시엔 리아오 리
해산시간	解散时间	지에 싼 스 지엔
핸드백	手提包	서우 티 빠우
햄버거	汉堡包	한 보우 보우
향수	香水	샹 수이
헐렁한	宽松	콴 숭
현금	现金	시엔 찐
홈	站台	짠 타이

홍차	红茶	훙 차
화려한	华丽的	화 리 더
화장실	卫生间	웨이 성 찌엔
환율	换率	환 뤼
환전	换钱	환 치엔
환전소	兑换处	뚜이 환 추
회수권	回数票	후이 쑤 파아오
후추	辣椒	라 지아오
휴게소	休息室	시우 시 쓰
흡연석	吸烟席	씨 앤 시

여행자 정보

성 (Family Name)

이름 (First Name)

생년월일 (Date of Birth)

국적 (Nationality)

성별 (Sex)

나이 (Age)

직업 (Occupation)

주소 (Address)

연락처 (Tel. No.)

여권번호 (Passport No.)

비자번호 (Visa No.)

항공권번호 (Air Ticket No.)

항공권 편명 (Flight Name)

여행자 수표번호 (Traveler's Check No.)

Memo